もしも刑務所に入ったら

「日本一刑務所に入った男」による禁断解説

河合幹雄

ワニブックス
|PLUS|新書

はじめに

ツイッターやインスタグラムなど、SNSを開けばいつでもどこでも情報を入手できる時代。しかしながら、刑務所という場所だけはそう簡単には情報を引き出すことはできない。受刑者がスマートフォンを持っているはずもなく、刑務所内のリアルな情報は完全に遮断されている。それだけに、刑務所の内部の様子がどのようになっているのか知りたいという人は実に多い。

日本では多い時で年間230万件ほど検察に身柄ないし書類が送られているが、その中で刑務所に収監されるのは年間三万人ほどである。

つまり、何らかの事件やトラブルを起こして警察にお世話になった人でも、およそ99%の人は刑務所に入れられることはないという現実がある。

そういう人ですら刑務所に入れないのだから、普通に真面目に暮らしている人であれば、刑務所という場所は本当に縁遠いところであると言える。

また、私は大学教授として教鞭《きょうべん》をとるだけでなく、学生たちにさまざまな見学会を企画することがあるのだが、大抵の場合は募集人数が集まらなくて苦労している。しかし、刑務所の見学会に限っては、激レア過ぎる場所だけに応募が殺到し、逆に人が集まり過ぎて困るほどである。

刑務所は悪いことをしなければ入ることはできない。

むしろ、相当悪いことをしなければ、絶対に入れてもらえない。

刑務所という場所は、情報化社会における最後のサンクチュアリ（聖域）であると言っても過言ではないのである。

そして、閉ざされたサンクチュアリに足を踏み入れた者は、「ここは一体、いつの時代だ」「まるでタイムマシンに乗ったような気分だ」などと、まるで口裏を合わせたかのように似通った感想を述べる。刑務官があり得ないくらいの声量で号令をかけ、受刑者たちが整列しながら行進する光景は、映画やドラマで見る戦前の日本のようである。

受刑者は工場へ行く時も、ひとりで面接に行く時も「オイッチニイ、オイッチニイ」

と声を張って両手を肩の位置まで振りあげる。よく刑務所のことを「軍隊式」と言うのだが、実は「式」という真似事で済まされるものではなく、刑務所は「軍隊」そのものなのだ。刑務所の歴史を紐解くと、日本軍の軍人が刑務官に数多く採用された過去があり、現在もその流れを脈々と受け継いでいるのである。

さて、本書の狙いだが、

「どんなことをすると刑務所に入れられるのか？」

「刑務所とは一体どんな場所か？」

「刑務官という職種はどんなものなのか？」

という刑務所にかかわるさまざまな疑問に答えるものである。

先ほど規律を優先する刑務所の行動様式について触れたが、それが果たして受刑者の社会復帰のためになるのか否か、という議論を本書でするつもりはない。あくまで、小難しいアカデミックな話は抜きにして、入所から退所するまでの流れや、受刑者たちの生活実態、そして刑務所の現状を平易な言葉で追うこととする。

単純に刑務所内部の様子を紹介するにしても、刑期を終えた元受刑者や、退官した刑務官から漏れ伝わる情報が十分すぎるほど世の中に出回っているのも事実である。

とは言え、刑務所に何度も服役していた人でも、せいぜい数ヵ所が限界だろうし、刑務官として仕官していた人であっても、全国各地の多様な施設に配属されることはない。

私は法務省矯正局関連の公益法人の評議員や刑事施設視察委員会委員長として、刑務所はもちろん、少年院や女子少年院など、全国各地の矯正施設を視察してきた。言い換えれば、「日本一、刑務所に入った男」と言っても過言ではない。それだけに、本書で初めて書き記すこととなるサンクチュアリの情報が多方面に及んでいることだろう。

もしも刑務所に入ったら——と、想像しながら一読して頂ければ幸いである。

河合幹雄

もしも刑務所に入ったら　目次

第四章　刑務官とはどのような職務なのか？……137

第五章　刑務所が抱えている問題……177

序章　刑務所に足を踏み入れるには？

刑務所にはなかなか入れてもらえない

収容者の社会復帰を目的とする刑務所は、一般社会とは隔離されているため、実際に足を踏み入れなければわからないことも多い。

刑務所に入るには、大きく分けると犯罪者になるか、もしくは刑務官になるかという二通りの方法が挙げられる。刑務官については四章で触れるとして、まずは犯罪者がどのようにして刑務所に入っているかということを確認したい。

意外に思うかもしれないが、刑務所という場所はそうやすやすと入れない仕組みになっている。「泥棒をしたら警察に捕まって刑務所に入れられる」というのが世間一般のイメージだと思われるが、現実はまったく違う。

刑事政策上の基本姿勢は「なるべく入れない、入れてもすぐに出す」という原則で運用されているので、万引きなどの軽微な犯罪であれば、三回までは許されてしまう。分水嶺となるのは四回目なのだが、起訴猶予や執行猶予という判断を検察や裁判所が下せば当然ながら刑務所には入れない。

世間一般の視点に立てば、このような刑事政策は甘いと思うかもしれないが、死刑囚を除けば犯罪者はいつか実社会に出てくるのである。

刑務所などの矯正施設の目的は何かと問われれば、収容者の更生と社会復帰である。矯正施設に長いこと入れておくと実社会に出た時に社会になじめず、復帰するのが難しくなる。であるならば、入ってもなるべく早く出てもらうか、最初から入れないほうがいいに決まっている。

特に、職を持っている人であれば自活できる能力があるので、入れないにこしたことはない。実際、新受刑者の68・4%は無職という統計もある。世間の人からすれば驚きだろうが、それが日本における刑事政策なのである。

刑事政策上、なかなか入れてもらえない刑務所だが、受刑者になるには本人の資質や運命めいたものもある。というのも、新受刑者の最終学歴の統計を見ると、半数近くが中卒以下となっている。

そのほかの内訳は、高校中退が二割以上で、高校卒業以上の学歴を持つ者は全体の三割程度である。

高校進学率が99％と言われる中で、中卒という道を選ぶのには、財政的な理由や知力的な理由など、人生において何らかのハンディがあると推測される。

また、日本の人口比で考えても、受刑者の数は数千人にひとりというほど非常に少なく、学校にひとりはいる札付きのワルであっても、刑務所に入ることは非常に難しい。定職にも就かず、反省もせず、何度も同じ過ちをして収容される。累犯者の多くはこのような人々であり、一般的市民とは住む世界が違うと言っても過言ではない。

もちろん、そんな一般市民が一回の犯罪で刑務所に入る場合もある。

これこそが、『もしも刑務所に入ったら』という本書タイトルにもあるような典型的なパターンかもしれない。それは、「つい、カッとなってヤッてしまった――」という、突発的な殺人、もしくは傷害致死という罪である。

人の死が絡んでいる重大事犯だけは服役を免れることはできない。ただ、このような凶悪事件で実刑に処されるのは、実際のところ年間200件あまりしかない。

初めて刑務所に入るのは年間あたり1万余り、その半分が一応初犯なので、母数から考えると、凶悪事件の比率は全体の数％にも満たない特異な例である。

刑務所に入る事例として現実的に考えられるのは、出来心で万引きしたという場合である。

その際、おとなしく捕まらず店員を突き飛ばしてケガをさせた場合は、強盗致傷にあたるので実刑で三年は食らう。おとなしく捕まったら万引きで不起訴処分になり、捕まった時に暴れて店員に少しでもケガをさせたら強盗致傷で一発アウトというのは、逃げさせないという刑事政策的な観点からはともかく、罰が重すぎるのではないかという論争になっている。

冤罪《えんざい》で捕まり刑務所に入る場合も考えられるが、かつてのような警察や検察によるでっちあげ捜査が起こることは考えにくい。冤罪に仕立てあげるにしても、善良な市民が巻き込まれることは過去の事例から見てもほぼないと言っていいだろう。

犯罪者、刑務官を除いて刑務所に入る方法として、教誨師《きょうかい》になるか篤志《とくし》面接委員になるという方法もある。教誨師というのは僧侶や牧師、神学者といった宗教関係者で、篤志面接委員はボランティアの人たち。どちらも受刑者の悩みごとに対して、相談を受けたり助言をしたりするのが主な役目となっている。

あとは、収容者の保健衛生や医療に関する業務に携わる人も刑務所内にいる。医師や薬剤師・看護師といった人たちである。

収監までのプロセス

犯罪の性質によってなかなか入ることが難しい刑務所。とは言え、たとえ重大事犯であっても緊急的に入れられる場所ではない。刑務所に入るためには、「刑事手続」という一連のプロセスを踏む必要がある。

かつて、シャバで暮らすよりも刑務所で暮らしたほうがましと考えた元受刑者が、タクシーに無賃乗車して刑務所に乗りつけたという事件があった。むろん、「無賃乗車したので入れてください」と言ったところで即時刑務所に入れるわけがなく裁判しないと入れないのは言うまでもない。

では、犯罪者はどのような手順で刑務所に収監されるのか、簡単に流れを説明したい。

①逮捕

自首でも逮捕でも、まずは警察が動き出さなければ何もはじまらない。ちなみに、警察が事件性なしと判断すれば書類すら作成されずに事件はなかったことになる。

多くの犯罪には被害者がいるものだが、いくら被害者が犯罪を認知したところで警察が犯罪を認知しなければ次のステップに進むことはない。見つかっただけなら、ささいな犯罪なら、警察は微罪処分といって逮捕せずに見逃すことができる。

②取り調べ

逮捕されると警察署の取り調べ室で事情聴取がはじまる。有罪にすべきで有罪にできそうなら検察へ送検されるが、証拠不十分であれば釈放となる。タイムリミットは48時間。証拠不十分でタイムオーバーとなれば、それ以上拘束されることはない。

③留置場生活

警察署での取り調べ期間中は留置場に入れられる。いわゆるブタ箱と呼ばれる場所で、大抵は警察署の三階にある。寝泊まりは大部屋となるので、先客がいれば共同生活を余儀なくされる。食事は無償で三食提供され、運動場での軽い運動も許される。殺人をした者の罪悪感からか、または薄暗い場所のせいなのか、もしかして本当に〝出た〟のかはわからないが、留置場ではたびたび幽霊騒動が起こると聞く。

④検察による取り調べ

事件次第であるが、書類送検ですめば帰宅できるが、重大だと身柄送検となり、留置場収容のままか拘置所にブチ込まれる。そこで検察官の取り調べを受ける。この結果で起訴されて裁判を受けるか、不起訴になり釈放されるのかが24時間以内に決まる。

ここでさらに取り調べが必要だと、勾留請求を出され、最長で20日ほど留置場か拘置所で暮らすことになる。

⑤意外と多い不起訴処分

警察が身柄ないし書類を検察庁に送る検察官送致（送検）は、毎年およそ200万件。

だが、実際に起訴されるのは最大十数万人しかいない。さらに、執行猶予なし実刑判決が下されて刑務所に入所する人数となるとさらに激減して、最大でも3万人になってしまう。

しかも、初入者(初めて刑務所に入所した者)はその中の約半数であり、残りは二回以上の実刑判決を受けた累犯者となっている。さらに初入者の半分は執行猶予中である。刑務所に入るのがいかに狭き門なのかが分かるだろう。

⑥起訴・拘置所生活

起訴されると裁判になるが、判決が下るまでは拘置所に勾留される。拘置所には雑居房もあるが、ほとんどの未決囚が独居房で過ごす。

判決が下されるまでは推定無罪なので、自費で弁当や菓子を買うことができ、留置場に比べると比較的自由の身となる。

また、起訴から判決が下されるまでの目安は数ヵ月内だが最高記録は24年である。ちなみに、留置場は全国の警察署にあるのに対し、拘置所は全国で8ヵ所のみ。ただ、拘置支所というものが存在し、これは全国に111ヵ所ある。

⑦保釈

起訴後、逃亡のおそれや証拠隠滅のおそれがない場合は、保釈金を払うことで一時的に自由の身になれる。

日本はなかなか保釈が認められない国であった。しかし、2008年の保釈率は15・6%、2018年の保釈率は32・5%と、ここ10年で2倍以上に増えている。これは裁判員制度のおかげである。そのため保釈中の被告が出頭要請に応じなかったり逃亡したりするなどの事件も増えており、新たな法整備を検討する必要性がある。

⑧有罪判決・拘置所

裁判官が判決主文を読みあげることで、有罪か無罪かが決まる。有罪判決となればすぐに身柄を拘束され、拘置所に移送される。

刑務所への移送待ちの身だが、刑が確定しているので受刑者扱いとなる。

男性はバリカンで坊主頭にされ、私服から刑務作業服となり、面会や手紙など、刑務所の規約に従わなければならない。

⑨刑務所へ収監

「分類センター」にて診察や検査を受けたあと、収容される刑務所が確定する。拘置所から刑務所までは護送バスで移動し、新入調べ室では全裸になって身体検査を受ける。その後、入所のためのオリエンテーションなどを受け、雑居房か独居房に入る。

犯罪者はこのようなプロセスで刑務所へ収監されることになるのだが、逮捕から収監されるまでは最短でも数ヵ月はかかる。冒頭でタクシーを無賃乗車した累犯者の話をしたが、「刑務所に入れてくれ」と言ったところで、たやすく入れる場所ではないのである。

逆に言えば、何らかの罪を犯しても重大事犯でない限り、しっかり反省すれば刑務所に入れられることはない。検察に起訴されて裁判となれば、統計的にも99・9％は有罪判決となるが、執行猶予や罰金刑などの判決を差し引けば、実際に刑務所に入れられる確率は20％程度である。

ちなみに、一般市民にとっては確率の低い話だが、行き過ぎた犯罪をしても刑務所には入れない。行き過ぎた罪とは何かと言うと、死刑判決が下されるような事案である。大きな罪を犯し、更生の見込みがなく情状酌量の余地もない場合は、死んでお詫びするしかない。その場合、死ぬこと自体が刑罰となる生命刑となるため、収容施設は刑務所ではなく拘置所になる。

ただ、死刑判決が下されるというのは容易なことではない。感覚的にいくら罪を犯しても、人の死が絡まないことには死刑にはならないだろう。それも、被害者がひとりやふたりでは１００％死刑が確定とは言い切れず、１００％となるのは過去の事例を鑑みても３人以上だろう。

また、刑務所における刑罰は自由刑と呼ばれるもので、その名が示す通り受刑者の自由をはく奪する刑罰が主体となっている。自由刑には室内に閉じ込める禁錮刑と、受刑者を労役に服させる懲役刑などがある。

おそらく、この労役こそが一般的な刑務所のイメージだと思うが、実情は想像よりも手ぬるいと思うかもしれない。

詳しい内容は二章以降で記すものとするが、懲役刑の労役は一日8時間で土日と祝日は休み。朝、昼、晩としっかり3食の食事が支給され、微々たるものだが賃金も出る。

また、基本的に労役は、どこの刑務所でも同じルールに則《のっと》っているが、だからと言って好きな刑務所を選べるわけではない。刑務所は、犯罪の種類や年齢、性別、国籍などによって振り分けられ、自分で選ぶというシステムではないのである。

まずは犯罪者がどのように分類されているかを次章で触れてみたい。

第一章

「罪」によって行き先が決まっている

既決囚は収監前に分類される

裁判で判決が確定したのち、懲役・禁錮などの刑に服することになった既決囚が刑務所に収監される。刑務所は全国に59ヵ所、少年刑務所6ヵ所、拘置所8ヵ所、そのほかに支所がある。これらを総称して「刑事施設」と呼び、さらに少年鑑別所や少年院を含める場合は「矯正施設」という。

ちなみに、刑務所と言われるようになったのは大正11年（1922年）からで、それ以前は「監獄」と呼ばれていた。

刑務所における処遇は、受刑者を矯正し、社会に復帰させることを第一の目的としている。その目的を達成するには、個々の受刑者の人格特性を見定め、適した刑務所に収監させる必要がある。

たとえば、不慮の事故により道路交通法違反となり刑務所に収監された者と、ヤクザとでは、明らかに受刑者の質が違うし、矯正や社会復帰のためのプロセスも違ってくる。つまり、誰でも彼でも十把一絡げに刑務所に収監することはせず、もっとも適した場所に既決囚をグループ分けして収監することが、社会復帰への近道ということである。
わかりやすく言えば、罪状によってどこの刑務所に行くかはほぼ決まっていると考えていい。収容分類級をまとめるとこのようになっている。

A指標　犯罪傾向の進んでいない者
B指標　犯罪傾向の進んでいる者

A指標とB指標は初犯か、再犯・累犯（刑の終了後、5年以内に再び罪を犯すこと）かで分けられる。暴力団などの反社会勢力は初犯であってもB指標に分類される。

W級　女子
F級　日本人と異なる処遇を必要とする外国人。国籍の問題ではない。在日韓国朝鮮人は日本人扱いである。
I級　禁錮に処された者

J級　少年。20人もいない
L級　執行刑期8年以上の者
Y級　26歳未満の成人

以上は、性、国籍、刑名、年齢および刑期による処遇指標である。

英表記のWやFに一体どんな意味があるのかと思うかもしれないが、女子であればWomanの頭文字、外国人であればForeignの頭文字を使っているだけである。

そのほかにも、知的障害およびこれに準じて処遇する必要のある者（Mx級）や、人格障害およびその疑いが相当程度認められる者（My級）など、精神障害または身体上の疾患などによっても分類が細かくなされている。

また、収容分類級のほかに処遇内容にも分類がされている。

G級　生活指導を必要とする者
V級　職業訓練を必要とする者

E級　教科教育を必要とする者
T級　専門的治療処遇を必要とする者
S級　特別な養護的処遇を必要とする者
R級　治療的な生活訓練を必要とする者
O級　開放的処遇が適当と認められる者
N級　経理作業適格者と認められる者

以上のように細かく分類され、個々の受刑者にふさわしい処遇が計画的に行われるのだが、生活指導が必要なG級が圧倒的に多数を占めているのが実情である。

犯罪の進み具合で振り分ける

犯罪傾向の進んでいない初犯のA指標、犯罪傾向の進んでいる再犯・累犯者のB指標は、場所によっては同じ刑務所に収監されることはあるが、施設内の区画においては区別される。

つまり、ヤクザの親分と新米の受刑者は、刑務所は同じでも、区画が違うので触れ合うようにはしないということである。もしも、ふたりが出会うようになれば、ヤクザにリクルートの場を与えるようなものである。犯罪傾向を事前に振り分けるのは、これ以上犯罪者を増やさないというシステム作りにもなるのだ。

犯罪傾向によって受刑者の扱いは大きな差異はないように思われるが、刑務所によって異なり、主にA指標、つまり初犯の受刑者を収監している刑務所のほうが比較的に過ごしやすいといわれている。

また、AやBなどの分類だけでなく、食事の良し悪しや規律などは施設ごとによって異なっている。ただ、近年では受刑者に対する人権が尊重されるようになり、暖房設備の面では施設に関係なく平等に配備されるようになった。

以前は、東北地方より北部でなければ暖房設備の設置は許されず、それ以外の地域は毛布だけで冬の寒さをしのがなければならないという厳しい刑務所暮らしの実態があった。

たとえば、長野刑務所は東北地方より南に位置するので、冬でも暖房設備は禁止されていた。長野の冬は東北よりも厳しくはないものの、氷点下を下回るのでとても寒い。それを毛布だけで乗り切っていたのだから受刑者は大変である。とは言え、暖房設備が整っている現在でも、経費節約のために設定温度は低めに設定されており、一般家庭の室内とは比べものにならないくらい寒い。

一方、冷房は新型のエアコン設備が設置されている施設であっても、原則として使っていない。ただ、2018年に名古屋刑務所で男性受刑者が熱射病（重度の熱中症）で死亡するという事案が発生したため、何らかの対策が講じられる可能性は高い。

さて、AとBだけでなく、非常に事細かく設定されている収容分類。それぞれを詳しく見ていきたいところだが、文字数の制約もあるため、主だった収容施設を解説する。

外国人の収容施設

F級の外国人受刑者は全国の刑務所に収容されるが、日本人受刑者とは区別される。既にふれたが、在日韓国朝鮮人は日本人扱いである。

外国人の犯罪と言うとひと昔前は中国人や韓国人が多かったが、近年ではベトナムやブラジル、フィリピンといった来日外国人の犯罪が目立つ。犯罪の内訳は、窃盗が過半数を占めており、次いで多いのが傷害や暴行事件である。

外国人犯罪者が刑務所生活を送る中でもっとも不便なのは、異なる言語のために意思疎通がはかれないことである。そのため、F級の受刑者を受け入れている刑務所には国際対策室が設けられ、国際専門官という担当者を駐在させている。

また、府中刑務所では、民間の常駐通訳や翻訳人など、外部からの協力を得ながら対応にあたっている。

ちなみに、在日米軍関係者の受刑者は横浜刑務所横須賀刑務支所が専門舎房になっており、罪を犯した在日米軍関係者はこの場所に収容される。受刑者の入所理由は、強盗、強盗致傷、強姦致傷が大多数を占めているのだが、刑期は日本人受刑者のおよそ半分で仮釈放が認められるので、日本人より早く出られるのが一般的である。

誤解のないように付け加えるが、犯罪者が外国人だからといって判決段階で刑が軽くなったり重くなったりすることはない。有期刑であれ無期刑であれ、一般的に外国人が仮釈放になる場合は、日本社会に出すのではなく本国に送還される。そのため、懲役10年の実刑であれば5年を過ぎた頃に仮釈放が認められ、無期刑の実刑でもおよそ15年で仮釈放に至るようである。

また、在日米軍関係者と日本の受刑者とでは、刑務所での暮らしは少々異なる。食べ物は和食ではなく洋食で、風呂は浴槽に浸かるのではなくシャワーを浴びるなど、生活様式そのものがアメリカ人向けに変更されている。ちなみに、パンはＰａｓｃｏである。

収容されている部屋は単独室が圧倒的に多いのだが、在日米軍関係者は日本人よりも身体が大きいので、若干広めに作られているのも特筆すべきところだろう。

横浜刑務所横須賀刑務支所には、区画が違うものの日本人の受刑者もいて、彼らは洋食を食べたりはしない。むしろ、アメリカ人用の洋食を日本人受刑者に提供すれば、あまりの不味さに暴動が起きるかもしれない。なぜなら、アメリカ人の口には合うかもしれないが、ケチャップやマスタードを大量に投入した味付けは、とても日本人好みとは言えないからだ。

それと、横浜刑務所横須賀刑務支所にいる日本人受刑者はA指標、すなわち犯罪傾向の進んでいない者に限られている。当たり前の話だが、ヤクザと在日米軍関係者を同じ刑務所に入れて、コネクションができたら何が起こるかわからない。そのため、おとなしくてマジメなA指標を収容しているのである。

在日米軍関係者と日本人受刑者は、居住する区画は違うものの、工場や運動場では一緒に過ごす。日本人同士、アメリカ人同士で争うことはあっても、異国間の争いはないという。

また、在日米軍関係者は受刑者ではあるものの、米軍人という身分には変わりがない。下着や歯ブラシなどの日用品は米軍が支給し、月に一回は必ず米軍の将校が受刑者の状況を確認するために視察に訪れている。

少年院

少年に対する犯罪の処遇は、成人の犯罪とは違い原則家庭裁判所で決められることになっている。その際、懲役や禁錮ではなく、保護処分として送致される施設が少年院であり、この施設では矯正教育や社会復帰支援を主に行っている。

また、第1種少年院から第3種少年院までの3種類に分類することを基本とし、第1種少年院はかつての初等少年院や中等少年院で、心身に著しい障害がない12歳から23歳未満の者が入所することになっている。

第2種少年院はかつての特別少年院に相当し、著しい障害がない犯罪傾向が進んだ16歳から23歳未満の者が入所する。特別少年院から出てきた者を「特少帰り」などと、ある種のステータスのように扱われたり、「特別」の文言が差別的という指摘があったりしたことから、名称が変更された経緯がある。

第2種少年院に入所している者の多くは、時間と体力を持て余したケンカで負けたことのないような少年たちである。昔の漫画で言えば高森朝雄（梶原一騎）作の『あしたのジョー』をイメージするとわかりやすいかもしれない。実際、少年院を出てからプロボクサーになった人も多く、見方によっては才能の宝庫とも言える。

第3種少年院はかつて医療少年院といわれたもので、心身に著しい障害がある12歳から26歳未満の者が入所する。心身に著しい障害というのは、統合失調症をはじめとしたいわゆる精神病で、治療をしながら矯正教育を行っている。

また、知的障害者が入所する医療少年院も存在するのだが、そこに入所する者たちにはおもちゃのお札を持たせて買い物ごっこをさせている。万引きは非行の最たるものだが、中には買い物をする時にお金を払わなくてはいけないというルールそのものがわかっていない者がいる。そういう者たちのために買い物のルールを教える施設が用意されているのである。

彼らは知的障害と言っても健常者とほとんど見分けがつかず、小学生の時に万引きをして捕まっても、「子どもだから仕方ない」という理由で問題にならず見過ごされやすい傾向にある。

しかし、中学生になって同じことをすると非行と認定され、警察の厄介になり、そこでようやく知的障害ということが発覚するケースが多い。ただ、そういう者たちであってもゆっくりと社会のルールやしくみを教えてあげれば、買い物くらいならできるようになる。

ちなみに、少年院は画一的ではなく、それぞれに特色がある。

その最たる少年院が長野県の「有明高原寮」である。明治時代に遊郭として建てられた建物に少年たちが収容されていた歴史を持つのだが、全国で唯一塀もフェンスもない少年院となっている。では、少年たちをつなぎ止めるのは何かというと、彼らを取り巻く人間関係である。たとえば、担当の法務教官は少年たちと一緒に風呂に入るほど濃密な人間関係を築いており、更生率は80％を超えている。

また、有明高原寮の地域住民が少年たちに対して協力的なことも、逃げだすことを難しくさせている。全国にはおよそ50ヵ所の少年院があるが、地域住民が一緒になって運動会やソフトボール大会といったイベントを開催しているのは唯一ここだけである。

もしも敷地外にひとりでいるところを周辺住民が発見すれば、「何をしているの？」と声をかけられる間柄なので、脱走するのは容易ではない。

少年院の収容期間は平均一年ほどで、長期処遇であっても原則二年以内で仮退院ができることになっている。

女子少年院

女子少年院は未成年の女子が入所する少年院となっている。少年院の数よりも圧倒的に少なく、全国に9ヵ所しかない。

男子の場合は窃盗で少年院に入れられるケースが多いのだが、女子の場合は覚せい剤で入れられるケースがもっとも多い。入所者は未成年の女の子だけに、見た目は総じて可愛らしい印象なのだが、中には殺人などの重大な罪を犯した者も少なからずいる。実際に目の当たりにすれば、見た目とのギャップが激しいあまり、何とも言えない気持ちになることは言うまでもない。

また、女子少年院の教官はほとんど女性なので、もしも不良の男たちが乗り込んできたら対処が難しい。そのため、防犯対策として必ずセコム（民間の警備会社）に加入しているのが、少年院と違う点である。

それと、女子少年院の特徴としては、「愛光女子学園」や「交野《かたの》女子学院」など、女子校のような名称で矯正施設と悟られないようにしている点が挙げられる。

そのためか愛光女子学園では、周辺の住民が一般の女子校と勘違いをして、「この学校の入学試験はどうなっていますか?」という問い合わせがあるという。

これは笑い話ではあるが、女子少年院は、傍《はた》から見れば一般の学校とまったく変わらない作りをしているということでもある。

女子刑務所

罪を犯した女子が収監されるのが女子刑務所である。男性の刑務所と大きく違うところは、育児室があることだろう。

女子の場合、収監時に妊娠していることがあるのだが、さすがに刑務所内でのお産はできない。出産間近になると外部の病院に移されて、入院、出産となり、産後の経過を見ながら再び刑務所に戻ることになる。

また、生まれた子どもは受刑者の申し出があれば、刑務所内にある育児室で過ごすことができるのだが、長く一緒にいることはできない。期限は満1歳までで、申請すれば最大6ヵ月の延長が許される。ただし、それ以降は養育施設や親族などに預けられることになる。

ちなみに、女子刑務所の刑務官は9割以上が女性である。男性刑務官もいるが、50歳以上の管理職がほとんどであり、基本的には受刑者とは接しないしくみになっている。刑務官は全員女性にすると問題が起きる経験則を尊重して男の刑務官を配置する。もっとも暴動などが起きた際も役立つので数名の男性刑務官が配属されている。

男性の刑務所と違うところでは、服装や髪型は男性の受刑者よりも規則に寛容な面がある。男性受刑者の場合は、出所前の一部の受刑者を除いて強制的に丸刈りにされるが、女性の受刑者はショートカットか、髪を後ろに束ねられれば伸ばしても問題はない。

夏になるとワンピースが支給される刑務所もあり、最小限のおしゃれは許された環境にある。

少年鑑別所

素行不良の少年や少女たちは、家庭裁判所にて保護処分を受ければ少年院や女子少年院に送られるが、更生の見込みがあるのであればできるだけ入れたくない。そこで、家庭裁判所は観護措置という決定を下し、少年鑑別所に移送する場合がある。少年院や女子少年院に入れるべきか、それとも入れないでおくべきかの是非を、鑑別所で問うのだ。

少年鑑別所の観護措置は最大で8週間。朝7時に起床し、夜9時には就寝するという規則正しい生活を送りながら、少年院や女子少年院への移送、もしくは帰宅が許され日常生活へ戻れるかの審判の日を待つ。

ちなみに、鑑別所は北海道に4施設、東京と福岡に2施設、そのほかの府県に各1施設ずつの計52施設がある。「地獄」の一歩手前、鑑別所帰りの人は結構いるわけである。

社会復帰促進センター

社会復帰促進センターとは、犯罪傾向の進んでいない者が入る施設で、拘束や懲罰などの公権力の行使は官が担い、職業訓練や警備などは民間の企業が担っているものがある。国と民間が協同で運営にあたる刑務所で、ＰＦＩ（プライベート・ファイナンス・イニシアチブ）刑務所と呼ばれる。

収容される部屋は単独室が多く、その内装はビジネスホテルのような清潔な作りになっており、既存の刑務所とは住環境がまったく異なる。

そもそも、このＰＦＩ刑務所が設立された背景には、収容率が１００％を超えていた過剰収容問題があったからである。マンパワー不足を補うために刑務所の運営を一部民間に委託したのだ。

これを額面通りにとらえると刑務所が足りなくなるほど犯罪者が増えたように錯覚するが、統計的には目立った犯罪は増えていない。

真の背景には、犯罪者に対する厳罰化の動きなどのさまざまな理由があるが、現在では過剰収容問題が解消されている。

交通刑務所

交通刑務所という定義はないが、交通違反で服役することになった者たちが集められる刑務所を便宜的に交通刑務所として紹介する。

「車の運転をしていたら人を轢《ひ》いてしまった」という人々が収監される刑務所で、罪状で言えば自動車過失運転致死傷罪の人々が多い。今は、一人死亡事件ではほとんど実刑にならないので、収容者は他の犯罪もしているケースが案外多い。

ただ、交通刑務所は次章で紹介する刑務所よりも規律は緩く、刑期の3分の1を過ぎれば仮釈放が認められる。

また、一般的な刑務所との違いとしては、刑務作業のほかに交通安全教育を受けなければならないことが挙げられる。

拘置所

拘置所は主に裁判において刑が下されていない未決囚が収監されている場所となっている。また、あまり知られていないが受刑者も多数在監していて、彼らは拘置所内の雑務をこなしている。

経理作業、配食、洗濯など、身の回りで必要なことは自分たちで行うのが刑務所のルールなのだが、未決囚にやらせるわけにはいかない。そこで、既決囚を拘置所内に収監し、未決囚ならびに既決囚の世話をさせているのである。

それから、拘置所には死刑囚も在監している。

死刑囚の刑は生命刑であり、自らの命をもって償うのが刑罰なので、刑が執行されるまでは未決囚扱いとなる。

未決囚に関しては、起床や就寝、食事や運動などの時間は決められているが、それ以外は刑務所よりも自由度が高いのが特徴で、お金を払えばお菓子やアイスクリーム、ジュースなども購入可能である。

自由度の高い拘置所に対して、厳しい規則があるのが刑務所である。

しかも、刑務所の場合、懲役刑であれば労役を科せられる。「しっかり働けばいいんでしょ?」などと、見くびったりしてはいけない。タオルで汗を拭くにも、トイレに行くにも許可が必要ながんじがらめの生活が待ち構えているのだ。

『もしも刑務所に入ったら』――。

次章は本書の心臓部とも言うべき、「刑務所の暮らし」について詳しく紹介していきたい。

第二章　刑務所の暮らしはどんなものか？

刑務所の入所儀式

刑が確定して収監先の刑務所が決まると、受刑者には検身と呼ばれる洗礼が待っている。検身とは、刑務所内に危険物を持ち込んでいないかボディチェックで確かめること だが、その際に全裸にされて複数の刑務官に囲まれてガラス棒を尻の穴に押し込まれる。入所早々これをやられた受刑者は、人間の尊厳が失われ、プライドはズタズタに打ち壊される人が多いが、ある意味入所儀式の機能を果たしているとも言える。なぜなら、尻の穴をかき回された刑務官に対して、威張る受刑者などほぼいなくなるからだ。

ちなみに、この検身は、収監時のみに限られたものではない。

日々の刑務作業で、危険物など違法な物の工場への持ち込みや工場からの工具などの持ち出しを防止するため、工場への出入りの際、受刑者は必ずチェックを受けなければならないのである。

捜査の一環として行われる検身は、刑事訴訟法に基づく身体検査令状が必要となるが、刑務所で行われる場合令状は必要なく、刑務官の判断で行うことができる。

廃止すべきという声もあるが、工具や金属片などを身体に隠し持ち、舎房に持ち込む事案があとを絶たない限りは、なくならないと思われる。

刑務所は雨風がしのげて3度の食事が出る快適な空間という側面もあるが、受刑者にとってはこういった屈辱的な行為が日常的にあるということを知っておいてもらいたい。

受刑者の一日

刑務所での生活は刑務作業が中心となる。なぜなら、受刑者の矯正と社会復帰を図るための重要な処遇方策として、懲役刑に処されたものは作業に従事しなければならないからである。もしも、「あなた」が刑務所に入ったら働く覚悟をしておいたほうがいい。

ちなみに、禁錮刑に処された者は刑務作業をしなくてもいいが、受刑者から申し出があれば刑務作業が認められる。

刑務所という狭い空間で毎日何もしないというのは、実はとてもつらい。

何か作業をしているほうが気分転換になるし、作業をすれば作業報奨金も入るので、多くの禁錮刑者は作業を願い出るという。

作業時間は1日8時間と決められていて、土、日、祝日は休むことができる。刑務所によっても異なるが、標準的な受刑者の平日の一日は、午前6時45分の起床から始まる。起きるとすぐに布団をたたんで、着替えて正座の姿勢で点呼を待つ。

7時に開房点検（点呼）。全員の点呼が終わったら配食係が朝食を配り始める。朝食は、部屋の入口の横にある食器孔を開けてやり取りする。

およそ7時10分から7時25分までに朝食を済ませ、洗顔後の7時40分頃に出房、つまり舎房を出て工場に向かう。もちろん、遅刻は許されない。基本的に同房の人は同室のため、同時に舎房を出ることになる。

なお、舎房の出入りの際は、「○番出ます！」「○番入ります！」と大きな声で言わなければならない。「○番」というのは受刑者に割り振られた番号で、刑務所内では番号で呼称されるのがルールとなっている。

工場の手前にある検身場で危険物等を持ち込んでいないかの調べがあり、それから工場に入る。

午前8時から刑務作業開始。作業中の私語は禁止で、作業上の会話のみ許されるが、その際は看守の許可が必要となり、勝手に喋ると懲罰の対象となる。また、作業中の用便や離席の場合でも許可が必要になる。刑務所に入ったら、何をするにも刑務官に許可を取らなければならないのだが、ルールさえ理解すれば意外と慣れるようである。

新人受刑者がやりがちな行為に、うっかりタオルで体を拭いてしまうというのがあるのだが、刑務作業中はルール違反となり、懲罰の対象になることがある。

また、嫌いな食べ物があるからといって、他人に譲る行為もしてはいけない。基本的に許可されたこと以外は、ほとんどがルール違反になるので、自主的な行動は控えるのが得策と言える。

11時40分に工場の食堂で昼食。食事中の私語は全国の刑務所に統一的ルールはなく、認められている工場もある。一方、受刑者間のトラブルを回避するため、私語を禁じている刑務所も多い。ちなみに、受刑者同士の食べ物の授受は固く禁止されている。

午後も刑務作業となる(午前と午後にはそれぞれ15分の小休憩もある)。また、午後には30分の運動時間が設けられており、野球やジョギング、柔軟体操など、自由に体を動かすことができる。

午後4時40分に作業を終えて、舎房に帰ってくる。

一部の工場では残業があるが、基本的に残業はない。また、刑務所にもよるが、工場から戻る際に流れる音楽は軍隊行進曲が多く、掛け声をかけて移動する。

運動や休憩時間を差し引けば作業時間は実質7時間程度。作業時間だけで考えるのであれば、シャバで働く大多数の会社員のほうが大変かもしれない。

午後5時に舎房で閉房点検（点呼）があり、5時10分から夕食。夕食後は、舎房から出ることは許されないが、自由・余暇時間となり、あらかじめ録音されたラジオ放送やBGMが流れる。

また、午後7時から9時まではテレビを見ることが可能で、読書や手紙の作成（刑務所内では「認書」と呼ばれる）、通信教育の自習、同房の者との会話も許される。さらに、刑務所によって、この時間帯は「仮就寝」が許されており、横になって仮眠をとることもできる。

午後9時には消灯。消灯といっても完全に暗くなることなく、小さな蛍光灯が点灯しているので、神経質な受刑者にとっては慣れるまで寝付けないことがあるという。

入浴は、週2回、夏場は3回。工場ごとに午後に入る。数十人が入れる大きな浴場が備えられており、時間は15分と決まっている（※詳細は「受刑者の風呂」の項参照）。

このように刑務所の中の暮らしは極めて規則正しく、塀の外で不健康だった受刑者が、刑務所に入ると健康になるという話も多い。

雑居房の中の様子

刑務作業以外での生活の場は、複数人が収容される雑居房が一般的である。広さは10畳～16畳ほどで、そこにトイレや私物置き場やテレビ、洗面台などが設置されており、お世辞にも快適とはいえない。

そのほかに、室内には4人がけの折りたたみ式テーブルや座布団があり、これは主に食事をする時に使う。また、食事の際に使用するための食器棚も設置されていて、そこには受刑者全員の食器のみならず、しょう油やソースといった調味料が収納されている。

雑居房には6名ほどの受刑者が収容されるのだが、過剰収容の場合は1〜2名追加される。その際、布団を敷くスペースがないため二段ベッドを設置することがある。

寝具は置き方が決められていて、敷布団、掛け布団、枕、寝間着の順にキレイに畳んで重ねなければならない。

また、室内はつねに誰かがいるという状況のためストレスを感じる者は多い。

少しでもパーソナルスペースを確保するために、寝る場所や座る場所はあらかじめ決められている。わずかでも他人のスペースに物がはみ出そうものなら口論やケンカの火種となるため、受刑者たちは周囲に気をつかいながら生活をする必要がある。

ちなみに、雑居房の中は受刑者たちのプライベートが完全に守られているわけではなく、舎房捜検といって刑務官が房内に入ってくることがある。いわゆるガサ入れというものだが、不正な物を持ち込んでいないかという確認だけでなく、天井が破られていないか、鉄格子が切られていないかなど、居室の設備の検査も行っている。

とはいえ、突然の舎房捜検は収容者を刺激するため、できる限り運動や入浴、工場出役などで室内に居ない時に行われることが多い。舎房捜検は脱走や自殺など、重大な刑務事故を未然に防ぐことにもつながるため、人権侵害という向きもあるが、必要なことだといわざるを得ない。

赤の他人と身を寄せ合って生活を送る雑居房だが、悪い点だけでなく良い点もある。自由時間であれば会話もできるし、将棋や囲碁などの遊びもできる。

独居房は孤独との戦いになるが、雑居房の受刑者にはその心配は皆無である。

独居房の中の様子

刑務所にはもうひとつ、独居房という部屋がある。同性愛者や暴力団の幹部など、ほかの受刑者に影響を与えるとされる者が入れられる個室である。

この独居房に入れられるのは、同性愛者や暴力団幹部に限られたわけではない。規律違反を犯した者が取り調べのために収容されるケース、規律違反のため「軽屏禁《けいへいきん》(独居房内に謹慎させ反省をうながすことを目的とした懲罰)」で収容されるケース、人間関係などでほかの受刑者と一緒に生活できないと判断されて収容されるケースなど、実にさまざまである。

ちなみに、「軽屏禁」の懲罰となった場合は、ラジオ放送も聞けず、手紙や本も読めない環境に置かれることになる。

ひと口に独居房といっても、そこでの生活は3つのパターンがある。

一つ目が夜間独居者。昼は工場で刑務作業を行い、夜には独居房に収監される。

二つ目は昼夜間独居者。工場での刑務作業は認められず、独居房で封筒貼りなどの軽作業を、ひとりで行わなければならない。

三つ目は厳密独居者。夜間独居者と昼夜間独居者は入浴時などでほかの受刑者と会う機会がある。しかし、厳密独居者は他人と一切の接触を禁じられ、誰とも話すことが許されない。

また、独居房のひとつに「保護房」がある。

逃亡のおそれや暴行・傷害、自殺・自傷のおそれなど、大きな問題を抱えた受刑者が収容される独居房で、かつては革手錠で腕を固定されたため、受刑者は「犬のように飯を食う」と言われた。

独居房は、文字通りのひとり部屋で、広さは3畳程度。室内には物書き用の机や洗面台、トイレ、私物用の棚などが設置されている。雑居房と違い、他人に気をつかう必要はないが、この部屋に入れられるのを嫌う受刑者は多い。話し相手が誰もおらず、孤独を感じてしまうことに加え、人との交流や情報交換がない世界は気が遠くなるほど退屈だからである。

また、雑居房はいじめやトラブルなどのデメリットも多いが、塀の外の人が思うほどに荒れることはなく、むしろメリットのほうが上回るとされている。

雑居房で一緒の受刑者はその付き合いも長く濃厚なものとなり、助け合いの精神が生まれる。新しい入所者が現れれば、塀の外の情報も入手することもでき、雑居房での生活はセラピー効果があるといわれているぐらいである。

受刑者の多くは雑居房を希望するものの、独居房において留意すべき点がある。独居房は、必ずしも「罰」として強制的に入れられる部屋ではないということである。

部屋数が制限されているため、希望通りになるわけではないが、願箋《がんせん》（願い事を書く申請書）を書いて独居房を希望する受刑者もいる。「ひとりのほうが気楽だ」と、雑居房の煩わしい人間関係を避けて独居房で生活することを好む受刑者も少なからず存在するのである。

また、勉学のために独居房を希望する受刑者もいる。ちなみに、これらの受刑者の独居房にはテレビが設置されているが、懲罰などで入れられる独居房にはテレビは設置されていない。

近年は、雑居房でのトラブル回避や管理の効率化の観点から、建て替えられる刑務所の多くは独居房の割合が増えている。

働き先は面接で決まる

受刑者が刑務所内でどのような刑務作業に就くかの判断は、入所してから1～2週間以内に行われ、刑務所の幹部で構成された考査委員による面接に基づいて決められる。この面接の期間に行われるのが考査訓練と呼ばれるものである。

考査訓練は、刑務所内での所作を身につけるための訓練であり、考査訓練を行うところを考査工場という。工場の入口に刑務官が数名立ち「足をあげて歩け！」「肘を伸ばせ！」「整列しろ！」「気をつけ！」「休め！」などの命令に応じて体を動かす。

また、考査訓練中は、厳格な決まりに従った作業に加えて、毎日朝10時に外に出て行動訓練を行う。ほとんどが歩き方と整列の仕方だが、極めて厳しく激しい運動量が課せられる。約2週間の考査訓練を通じて、受刑者は刑務所内での所作や規律などを徹底的に叩き込まれるのである。

この考査訓練が終わり、分類審査とも呼ばれる面接によって、どの刑務作業に就くかが決定される。

面接では、受刑者の学歴や職歴、犯した罪状などについて聞かれ、どの刑務作業に就きたいかという質問もある。人気が高いのは、炊事や営繕など刑務所の運営に関わる刑務作業だが、受刑者が希望通りの作業工場に配属されることはほとんどない。

受刑者の意思や塀の外での経験なども参考にするが、よほどの経験でもない限り、人手が足りない木工品や金属製品、革製品などを作る生産工場に配属される。

ちなみに、刑務作業でエリート部門とされているのが、図書工場と官計算工である。

図書工場は刑務所にある官本の貸与作業と差し入れ本の整理をする仕事だが、この工場は狭き門で、配属されるのは収容受刑者の中のわずか1〜2％にすぎない。

さらに狭き門なのが官計算工である。刑務所内で一番人数の少ない工場であるため、なかなか選ばれることはない。

各工場がまとめた作業日報をチェックして、1ヵ月の作業時間を計算。その後、作業報奨金（給料）計算をし、パソコンに各工場の作業日報を打ち込み、工場別、報奨金個人別の資料を作成する業務である。

希望通りの作業工場に配属されないとはいえ、工場に欠員が出た場合、刑務官から配置換えを言い渡されることはある。ただ、基本的に一度決定すると、違う工場に移ることは難しいのが実情である。全体の秩序を保とうとすれば、いちいち受刑者の意見を一人ひとり聞いてはいられないのだ。

模範囚だけが転業願いを出すことが許されているが、その許可が下りることはめったにない。しかも、模範囚でない者が転業したいといった場合、作業拒否と見なされ、独居房で謹慎させる「軽屏禁」を受ける場合がある。

刑務所の仕事内容・刑務作業

受刑者に規則正しい勤労生活を送らせることにより、その心身の健康を維持し、勤労意欲を養成し、職業的知識や技能を身につけることで、円滑な社会復帰を促進することを目的としたのが刑務作業である。また、仕事を通じて自己の役割や責任を自覚させることも、矯正プログラムの一環である。

刑務作業の種類は「生産作業」「社会貢献作業」「職業訓練」「自営作業」の4つ。受刑者のほぼ80%は、木工、印刷、洋裁、金属などの何らかの生産作業に従事し、業種は刑務所が指定する。労働時間は1日8時間で基本的に残業はない。

先述したが、土日、祝日の作業はなく休みなので、残業だらけで土日の出勤も余儀なくされている会社員と比べると健全と言える。

ちなみに、生産作業はさらに3種に分けられ、生産に用いる原材料の全部または一部が国の物品である「製作作業」、原材料の全部が民間の会社などから提供される作業または国が受刑者の労務のみを提供して行う「提供作業」、公益財団法人矯正協会の事業部が委託を受ける「事業部作業」がある。

「社会貢献作業」は、労務を提供する作業で、社会に貢献していることを受刑者が実感することにより、その改善更生および円滑な社会復帰に資すると、刑事施設長が特に認めた作業。

「職業訓練」は、受刑者に免許や資格を取得させ、また職業的知識および技能を習得させるための訓練である。

「自営作業」は経理作業（炊事、洗濯、清掃等の施設の自営に必要な作業）と営繕作業（施設の改修など直営工事に必要な作業）に分かれる。

また、刑務作業は、通常、刑務所内の施設で実施されているが、受刑者に社会性を身につけさせるための指導・訓練を兼ねて、塀の外の作業場で実施する「外塀外作業」もある。刑務所が直接管理する、塀の外の作業場で行われるものと、民間企業の理解と協力を得て、外部事業所において実施するものがあるのだが、対象となるその多くは模範囚と呼ばれる受刑者である。

国が民間企業等と作業契約を結び、受刑者の労務を提供して行った刑務作業に係る収入は、すべて国庫に帰属する。2017年度の刑務所作業収入は、約39億円。作業に就いた受刑者には作業報奨金が支給されるが、一般社会とは違って微々たるものとなっている。

作業報奨金の支給は、原則として釈放の際に行われるが、在所中であっても所内生活で用いられる物品の購入や家族あての送金などに使用することも認められている。2017年度予算における作業報奨金の一ヵ月あたりの平均額は約4340円。時給換算すると数十円の世界である。

ただ、作業報奨金はランクによってそれぞれ異なる。

技能および作業成績を基準にして、見習工から一等工まで10階級にランク分けられているのだ。細かくランク分けするのは、受刑者たちの労働意欲を向上させるためにある。

入所後見習工からスタートして、昇級標準期間である一ヵ月以内に一定の基準点に達しなければ九等工になれない。その後、昇級標準期間は数ヵ月単位となるため、順調にクリアしても一等工になるには3年余りかかることになる。見習工と一等工とでは、報奨金は約7倍の開きがある。

受刑者の職業訓練

刑務所は罪を償うための施設であると同時に、更生のための施設である。したがって、出所後の受刑者をバックアップするため、受刑者が望めば刑務所内でさまざまな職業訓練を受けることができる。

職業訓練は刑務作業のひとつであり、受刑者に職業に関する免許もしくは資格を取得させることや、職業に必要な知識および技能を習得させることを目的として実施されており、受刑者の再犯を防止し、改善更生を図る上で極めて重要な方策である。

この職業訓練は、「受刑者等の作業に関する訓令」に基づき、「総合訓練」「集合訓練」「自庁訓練」の3つの方法によって計画的に実施されており、2017年度においては、溶接科、建設機械科、フォークリフト運転科、情報処理技術科、電気通信設備科、理容科、美容科、介護福祉科など48種目が実施されている。

専門性が高い訓練と標準的な訓練に分けられており、資格取得や高度な職業的知識・技能を習得するのが「専門職業訓練」、それ以外の一般的な訓練を「標準職業訓練」と呼ぶ。

「総合訓練」は全国の刑務所から移送によって受け入れて行う専門職業訓練で、全国8ヵ所の刑務所が総合訓練施設に指定されている。

「集合訓練」は、矯正管区（刑務所などの刑事施設を管理監督する法務省の内部部局である矯正局は、全国8つの管轄区域に分けられている）管内の刑務所から、選定基準を満たす者を選定し、集合訓練施設で実施するものだ。

「自庁訓練」は、自所（収容されている刑事施設）の受刑者を対象とする訓練であり、ここでも適格者が選定される。

これら職業訓練は随時募集しており、ほかの刑務所で実施している職業訓練にも応募することができる。しかし、実際に職業訓練を受けることができる者は、例年、全受刑者の5％前後にすぎない。応募はすべての受刑者が可能であるものの、選定基準があるからである。

職業訓練を受けることを希望していることはもちろん、まず、残りの刑期が職業訓練に必要な期間（半年以上）を超えていることが必要とされている。

さらに職業訓練に耐えられる健康状態であること、受刑態度が良好であり、改善更生の意欲が高いと認められること、適性検査の結果、職業訓練に必要な適性があると認められることなどの基準をクリアしなければならない。職業訓練は「狭き門をくぐりぬけて、選ばれた者」が行くところなのである。

ただし、受講者が少ないのは厳しい選定基準だけが要因ではない。

むしろ問題は、こうした職業訓練を受け、何らかの資格を取得しても、それが必ずしも社会復帰に結びついていないところにある。

たとえば、修了証明書の問題である。

刑務所を退所後に、入所していたことを伏せて就職しようと思っても、資格の修了証明書の存在が元受刑者であることを推定させてしまう場合がある。その結果、せっかく取得した資格が社会復帰の足かせとなってしまうのだ。

元受刑者でも寛容に受け入れる会社がまったくないわけではないが、元受刑者に対する世間の風当たりは強いのが実情である。

また、受刑者の中で、「刑務所で手に職をつける」ことで社会復帰を目指すと真剣に考えている人は、さほど多くない。では、なぜ職業訓練を受けるかというと、「職業訓練のほうが工場で作業するよりもマシ」という理由で応募するのである。

このように、刑務所の職業訓練という制度は成果が出ていないが、働く習慣や技術を身につける方法としては一定の効果があると思われる。

ちなみに、職業訓練は刑務所よりも少年院のほうが種類は豊富にある。溶接や土木建築、板金や電気工事など、さまざまな訓練内容を用意して、再起するチャンスを与えている。ただ、少年院においても制度としての効果は薄いようである。

受刑者の食事

刑務所内の食事はよく「臭い飯」と言われるが、実際はそんなことはなく、塀の外の料理と変わらない。

強いて言えば部屋が臭いということも考えられるが、歴史を紐解くと、戦後間もない受刑者の食事は予算の関係で古い米しか調達できず、それゆえ臭かったと言われている。

しかも、古々々々米ならいいほうで、古々々々々米を調達していたというから、臭くて当然であり、味も良くなかっただろう。

さて、そんな受刑者たちの食生活だが、朝昼夕はすべて事前に決まっており、刑務工場などの壁に献立表が貼り出されている。

食事の内容は質素でありつつも健康で、主食となる米は、白米と麦のブレンド米を使用。麦を入れる理由は、安価に腹を膨らませるためである。刑務所によって比率は異なるが、基本は白米7対麦3である。ちなみに、かつては麦6対白米4であり、刑務所を俗語で〝ムショ〟と呼ぶのは、その割合にちなんでいるという説もある。

汁物は必ずついていて、基本は味噌汁だが、吸い物やぜんざい、ラーメンなどがつくこともある。そして、とんかつやカレー、おでんなどのメインメニューが一品、サラダや漬物などのサイドメニューが三品程度ついてくる。

受刑者ひとり当たり一日500円程度の予算だが、刑務所は栄養バランスのとれた食べ応えのある食事を提供している。

しかし、味に関しては刑務所にもよるが、総じてましだが美味しいものではない。

元々、薄味な上に限定された調味料で味付けされているため、つねに同じ味付けのものを食べている感覚に陥る。さらに食事そのものが冷めているのも美味しくない理由である。特に昼食は11時頃に運ばれて12時に食べることになるため、冬場は必ずと言っていいほど冷めている。炒め物や煮物も時間が経過した代物になっている。

また、主食となる米やパンは、身体や作業内容で人によって量が異なってくる。作業の激しさや体の大きさに応じて、主食を増やすことでカロリーを調節しているのである。

食事はほとんどの刑務所において朝7時、昼12時、夕17時と決まっているが、休日の夕食だけは16時と早い。16時に食事をとったあと、寝るまでに必ずと言っていいほどお腹が空くため、休日の夜は受刑者にとってはつらい時間だと言われている。

ちなみに、多くの受刑者にとって楽しみとされているのが、主食がパンの日である。パンの日には刑務所内俗語で言うところの「アマシャリ」が出るからである。「アマシャリ」とは、汁粉、ぜんざい、甘煮豆などの甘味のあるサイドメニューを指している。

この「甘味」、特に「菓子」に対する飢餓感は多くの受刑者が感じるもので、塀の外にいる時と劇的に変わるのが、異常なまでの菓子に対する執着心だとも言われている。

刑務所でも菓子は食べる機会があり、ひとつは模範囚が参加できる「集会」と呼ばれる映画鑑賞会。自費での購入になるが、映画を鑑賞しながら菓子を食べることができる。

そして、もうひとつの機会が「特食」と呼ばれるもので、これは祝日に食事とは別に出る「祝日菜」を指す。祝日一回につきひとりあたり60円の予算がとられている。人気の「特食」はクッキー、かりんとう、板チョコで、こちらは全員に無料で配られる。

甘い菓子は受刑者にとって、厳しい懲役の中でのささやかな癒しと喜びをもたらしているのだ。

ちなみに、刑務所内で暴動が起こる理由として「食」に関することがいくつかある。有名な話では、かつて府中刑務所で「天つゆ事件」というのがあった。

天つゆに添えられた大根おろしを初めから入れるか、それとも好みで入れるかという些細なことで大騒動になったのだ。ただ、暴動に至るまでさまざまな理由があって、最後の引き金となったのが天つゆだったのだが、受刑者たちの収容生活は単調なだけに、食に対して過敏に反応することは間違いないし、過去の事案があるだけに刑務官たちも細心の注意を払っている。

付け加えると、私が視察委員をやっていた時に、横浜刑務所で一触即発のできごとに遭遇したことがあった。その時は天つゆではなくキウイだったのだが、このキウイが硬くて食べられたものではなく、受刑者たちから不満の声が続出した。すぐに代わりのものを出したので事なきを得たが、もしも刑務官の対応が不十分であったならどうなっていたかはわからない。

受刑者のトイレ

刑務所では分刻みでスケジュールが決まっていて、それはトイレの時間も同様である。朝食を済ませてから刑務作業に移るまでには30分間ほどの時間があり、この間に受刑者は用を足しておかねばならない。30分といえば余裕があるように思えるが、雑居房で6〜8人の受刑者が共同生活しているため、ひとり当たりのトイレの時間は5分以下となる。

受刑者は手早くトイレを済ませられるように、事前に準備をしておく。

まず、トイレの前でズボンを脱ぎ、下半身パンツ1枚になってチリ紙を片手に持って待つ。そして、前の人が出てきたら素早く「トイレ入ります」と刑務官に声をかけてトイレに駆け込み、すぐに用を足して出てこなければならない。基本的に築30年以上の古い刑務所は和式で、築10年以内の新しい刑務所は洋式である。

ここではトイレと表記したが、多くの刑務所では「便所」と呼ぶのが一般的であり、「用を足す」や「お手洗いに行く」といった表現をせず、「用便」と言う。したがって、正確には「トイレ入ります」ではなく、「用便に行きます」「用便お願いします」という言い方が多くの刑務所で採用されている。

トイレに限っていえば、独居房の環境は大変厳しいものとなっている。

部屋の中に露骨に便器が鎮座しているのが独居房であり、便器のすぐ前で臭いに悩まされながら食事をすることになるからだ。ただし、比較的自由に排泄できるのが独居房の利点でもある。

しかし、それでも「便所の作法」がある。たとえば小便をする際、規則で決まっているわけではないが、塀の外のように「立って用を足す」ことは許されない。刑務所の壁がむき出しのコンクリートということもあって、音がよく響き、うるさいからである。したがって、音を立てないように座って用を足すのがひとつの作法となっている。

雑居房の場合は、近年はガラス製の囲いが設置された施設があり、透けては見えるものの、臭いに悩まされる心配はない。とは言え、他人から丸見えの状態で用を足さなければならないのは大変なことである。

受刑者の風呂

どんなに汗をかいた日であろうとも、服役中は毎日入浴することができない。受刑者が風呂に入ることができるのは、春、秋、冬は週2回。夏だけは汗の量が増えることから週3回入ることが許される。

入浴時間は、どの季節でも15分と決められていて、その時間内に全身を洗い、ひげをそり(T字カミソリが全員に貸与される。しかし短時間での入浴のため、自費で電気カミソリを購入し、ひげそりは事前に済ませる受刑者も多い)、湯船に浸かって出なければばならない。しかも、ほとんどの場合、風呂場の収容人数を超える受刑者が入浴するため、風呂場はすし詰め状態となる。

浴槽も受刑者でいっぱいになってしまうため、浴槽に入ることができなかった者は、ほかの者が湯船から上がるのをじっと待ち続けなければならないのである。

また、入浴があとになるほど、浴槽には受刑者の垢が増え、まるで沼のように濁りはじめる。内観は町の銭湯と似たような雰囲気ではあるものの、ゆっくりと風呂に浸かって体を癒すことはできない。刑務所の風呂で待ち受けているのは、殺伐とした雰囲気である。

また、刑務所によって異なるが、入浴の仕方も規則で決められている。

風呂場に入る時は軍隊のように整列し、大きく手を振って中に入る。入ったら左手にタオルと石鹸を持ち浴槽の前に並ぶ。次に、右手で洗面器に湯を汲み、体に掛ける。ただし、その回数は一回だけに限られる。その後は浴槽に浸かるのだが、3分後に一度出て、体を洗う。その際、洗面器で体に湯を掛ける回数も決まっている刑務所が多い。そして、最後の3分間ほど浴槽に浸かる。

　このように最初から最後まで入浴の手順が決められている刑務所がほとんどなのだが、入浴タイムは一日の終わりと決まっているわけではない。刑務所によっては午後の刑務作業中に風呂タイムがあり、入浴後再び工場に戻って作業する場合もある。

　風呂に関して受刑者を悩ませるのが、夏場である。どんなに汗をかこうが、週三回の入浴回数が変わることはない。舎房は冷房がなく、場所によっては直射日光が照りつけるところもあり、サウナのようになる。

　土日は入浴がないため、夏場の休日は受刑者の体臭で雑居房はむせ返ることになる。

　しかし、入浴のない日でも、若干の救いがある。それが洗体（身体払拭ともいう）と呼ばれるもので、刑務作業が終わったあとに、バケツの水でタオルを濡らして体を拭くことが許される。その時間は2分。また、休日も洗面器に水を汲み、夕方に一回だけ洗体が許される。これも2分と時間が決められている。

　夏場とは6月〜9月を指し、5月に暑い日が続いても「夏場」ではない。

　さらに夏場は、作業時間中に設けられている午後の運動時間の後や作業終了後、シャワーを浴びることができる刑務所もある。

ただ、刑務作業の種類によっては毎日入浴できる受刑者もいる。衛生的に清潔にする必要がある職種と、毎日汗をかく激しい肉体労働の職種である。具体的には食事を作る炊場や、所内の工事や掃除をする内掃などに従事する受刑者。

「キツイが風呂を取るか」、それとも「心身ともに楽な作業を取るか」は悩ましいところではある。もちろん、自分の意思で刑務作業を選択できるわけではないので、それは神のみぞ知る運命にある。

ちなみに、ひげそりは風呂の時間に刑務所からT字カミソリが貸与される。しかしながら、切れ味が悪く受刑者からは不評で、お金に余裕のある者は部屋で電気シェーバーを使っているようである。

受刑者の洗濯

受刑者が着ている衣服の洗濯はどうしているのか。受刑者の洗濯は自らが行うのではなく、洗濯工場で洗ってもらうのが規則となっている。

汚れた衣類を回収するのは洗濯工場で働く受刑者たち。部屋の片隅にまとめて置いておけば、その日のうちに洗濯されて夕方には戻ってくる。ある意味、ホテルのクリーニングサービスに似ているが、毎日洗ってもらえるのは下着と靴下だけ。肌着は2日に一度、作業服や舎房衣は3日に一度しか洗ってもらえない。

ちなみに、洗濯は大型洗濯機を使用している。乾燥機もあるのだが、雨の日以外は使わず晴れた日は天日干しをしている。

受刑者の睡眠

さて、刑務所には、作業や食事、入浴時だけでなく、眠る時にさえも守らなければいけない厳しいルールがある。

まず、受刑者は布団や毛布で顔を覆って寝てはいけないということ。

この規則は、受刑者がちゃんと寝ているかどうか刑務官が確認するために作られたものので、そのほかに毛布や敷布を腹に巻くことや、全裸で寝ること、ほかの受刑者の布団で一緒に寝ることも禁止されている。

就寝時間中はトイレに行くことは許されるが、読書や私語は厳禁である。刑務官に見つかった場合、二回までは注意を受けるだけだが、三回目の場合は取り調べを受けて、7日以内の減食や懲罰用の部屋に閉じ込められる「軽屏禁」などの懲罰を受ける。

刑務所の消灯時間は午後9時と決まっていて、起床時間は午前7時が原則である。つまり、受刑者は毎日約10時間眠ることができ、刑務所の中で眠っている時間が最も長いことになる。

また、昼食後は午睡という1時間の昼寝が設けられている刑務所もあり、睡眠だけに限って言えば、とてもいい環境である。なお、午睡ではそのまま床に横になっていいところ、布団を敷かないと寝てはいけないところ、午睡中の私語は禁止のところなど、刑務所によって文化は異なる。

さらに希望すれば、午後5時から約4時間の仮就寝もとることができる。それらを合計すると最大で15時間の睡眠が可能となる。

免業日と呼ばれる休日ともなれば、大半の受刑者は午前中から寝ている。

休日は、刑務所にもよるがテレビの時間帯は午後3時から5時なので、昼食が終われば布団の中で寝ている。日々の睡眠時間は十分な受刑者だが、眠ることで厳しい現実から逃避していると見る向きもある。

一方で、眠れない受刑者がいるのも事実である。初めて刑務所に入所した者は、塀の外の生活との違いから、当初は心身に何かしらの異変が発生すると言われ、中でも多いのが不眠である。

午後9時の就寝は、塀の外と比べれば早過ぎて眠りにつけない。

さまざまな考えや心配事に頭を巡らし、些細なことも気になり眠れない。夜寝ないで騒ぎ出すと周囲に悪影響を及ぼすので、不眠を訴える者には睡眠導入剤や睡眠薬が意外と簡単に与えられる。

ただ、これも良し悪しで、服用しているうちに体が薬に慣れてしまい、服用量が増加していき、結果的に2年も3年も服用していると、もはや薬なしでは眠れない体になってしまう。ある刑務所では、睡眠薬が効きすぎて昼間もほとんど寝ている受刑者がいたが、夜中に騒がれるよりはましと、放置された状態になっていたという。

また睡眠薬の常用者は作業が単純作業に制限されるため、仕事への評価も低く、減給をはじめ、仮釈放や出所が遅れる場合もある。

受刑者の運動

運動には戸外運動と室内運動があるが、多くの刑務所では午前もしくは午後の刑務作業中に30分の戸外での運動時間を設定している。

受刑者は、野球やバレーボール、散歩など、思い思いの運動を楽しむ（走ることは禁じている刑務所も多い）。多少の大声での雑談も許されており、運動は、入浴、食事と並ぶ、受刑者の楽しみのひとつだ。また、運動時間は、塀の中とはいえ外に出られる唯一のチャンスであり、広々とした運動場で体を動かしてストレスを発散する絶好の機会でもある。

しかし、それは春や秋のことで、夏場の運動時間は様相が異なってくる。

運動場は遮るものがなく、強烈な日光が降り注ぐ。動かなくても汗がしたたり落ちてくるような環境である。

ただ、運動時間といっても成人刑務所では運動を強制されるわけではないので、座り込んでいようが、立ち話をしていようが、何をしていても構わない。閲覧用の新聞を読む者、将棋や囲碁に興じる者もいる。入所したての者が、張り切って運動をして、熱中症で倒れるのも刑務所の運動時間でよく見かける光景だという。

ちなみに、少年刑務所では運動は強制となる。運動後は、石鹸もシャンプーもないが、運動場の片隅に備えられたシャワーを浴びることができる。

この受刑者の戸外運動・毎日30分というのは、刑事施設及び被収容者の処遇に関する規則で義務付けられているものだ。しかしこの規定は、実現を保証するものではない。30分の間には運動場への往復行進も含まれており、実質はせいぜい15分程度である。

さらに刑事施設及び被収容者の処遇に関する規則の例外規定により、土日、祝日、年末年始、夏休み（3日間ある）、梅雨の期間など、連日にわたって運動がなくなる時がある。少しの雨でも中止となるため、冬季はほとんど運動時間がない。また懲罰として、運動が禁止されているところもあり、年平均で60回程度にとどまる刑務所もある。

受刑者にとって運動は非常に重要な意味を持つ。身体的、精神的な健康維持だけでなく、欲求不満の解消にもなる。また、刑務所においてはく奪される自由は、社会的自由に限られるべきであって、健康を適当に維持するのに必要な運動を制限することは、刑務所収容の目的からも外れているという指摘もある。

受刑者の健康管理

受刑者の健康管理はどうなっているのかと言うと、現在の刑務所で受刑者が疾病にかかった時は、施設の医師が治療にあたる体制がとられている。

各施設は医療設備を備え、医師、看護師等が配置されてはいるものの、専門的治療を要する者は対応できないため、医療刑務所に移送して治療にあたる。受刑者が軽快に向かえば元の刑務所に還送するが、病院の外来のように、朝から医療刑務所に連れて行き、夕方に元の刑務所に連れて帰るというデイサービスのようなことも行っている。

受刑者に高齢者の占める割合が年々増加しており、受刑者の三分の一以上は何らかの病気で治療を受けている。その点を考慮すれば、医療体制を充実したものとすることは急務である。

受刑者の健康を保つことは管理者の義務であり、「刑罰に加えて、病気や身体的および精神的苦痛を与えることは許されない。したがって、健康は、政府が責任を負うべき最重要な対象」とされている。

また、法執行官行動準則第6条には「必要とする場合にはいつでも医療を確保するための措置を速やかに執る」ものとするとされている。

法執行官行動準則とは、1979年12月に国連総会で採択された国際規則である。法的な拘束力はないが、各国の警察官や刑務官など刑執行の職務遂行に関する立法および実務運営にあたり、指導理念として尊重し、遵守すべき基本原則として遵守するように求められている。

日本でも、監獄法施行規則第107条は、独居拘禁20歳未満は30日ごと、そのほか3ヵ月ごと、刑期1年以上の雑居拘禁は6ヵ月ごとに医師による健康診断を義務付けており、受刑者には週一、二回の一般診療も行われている。この限りでは、健康管理が行き届いているように見えるが、実際はそうではない。

まず健康診断といっても身長、体重、視力、血圧の測定と医師が必要と認めた時に、検尿、検便、レントゲン検査をする程度であって、血液検査はないし、自費検査も認められていない。

また、診察の申し込みをしても、医務部の職員（医師ではない）が舎房内で問診するだけである。また、三回以上診てもらうと「医療観察」と称して、独居房に隔離され、それが嫌で医務部に願い出ないでいるうちに重症になることもある。

深刻なのは、こうした事情による治療の手遅れである。

たとえば高熱が続いても重病人でない限り、たやすく横になること（横臥許可）は許されない。慢性疾患の場合は、安静保湿と日光浴や軽い散歩が治療に役立つが、横臥許可は入浴・戸外運動（日光浴）禁止とペアになっている。

さらに、塀の外で持病があって使っていた常備薬は、刑務所内では認められないこともある。仮に使えたとしても、健康保険の適用がないため常備薬は全額自己負担となる。

指定の診療日以外には「救急医療」もあるが、生死にかかわる急病でもなければ、大半は舎房担当看守によって拒否され、医師の診察は望めないのが現状である。

これらの問題は、矯正当局である法務省の支配下にあることから生じるともされ、刑務所の医療は本来厚生労働省が管轄することが正しいが、省を横断するというのは現実的に難しい。

また、そもそも刑務所に来る者は不摂生な生活を送っている者が多いという現実があることを知っておかねばならない。

受刑者の信仰

信教の自由は受刑者にも認められている。休日などの自由時間であれば、礼拝などの宗教行為を行うことが許されている。

刑務所内で信仰者がもっとも多いのが仏教で、刑務所に訪れる僧侶の多くは仏教系である。教誨と呼ばれる宗教講話が刑務所内で月に数回開催され、そこで信仰に目覚める受刑者も多い。また、仏教ほどではないがキリスト教や神道なども、教誨がたびたび開催されている。天理教も活躍している。

ただ、イスラム教への配慮は不十分であるという指摘がある。

２０１７年、イスラム教徒の受刑者から改善を求める要望書が、当時女性が服役していた栃木刑務所と法務省に提出された。イスラム教徒の女性は、礼拝時に手と顔以外をスカーフで覆う必要があるのだが、そのスカーフの所持を栃木刑務所では認めなかったのだ。

既定のサイズよりも大きいというのが認めなかった理由であり、刑務所側で代替品を用意したが大きさが不足していたという。また、礼拝の時間を確認するための時計の所持を許可しなかったなど、イスラム教に関しては、ハラルだけでなく、今後理解を深めていく必要があると言える。

受刑者の性

刑務所に入所すれば、生身の女性を見る機会はほとんどなくなる。慰問に訪れる歌手か、見学に訪れる女性、面会人くらいである。

女性がいないとなると日々悶々としてしまうのは、受刑者も一般男性も同じである。性欲を我慢するのは難しいので、相手がいなければひとりで処理するしかない。基本的に不審な行動は懲罰の対象になるが、エロ本などの閲覧は禁止されてはいないので事実上黙認されていると言っていい。

ただ、周囲の環境がそうさせるのか、シャバでは一切興味なかったはずだったのに、同性愛に走る受刑者も少なからずいる。受刑者同士の隠語に、「アンコウ」と「カッパ」という言葉があるのだが、アンコウは男役でカッパは女役を意味している。穴があればどんなところでも入っていくからアンコウで、どんなものでもすぐにくわえるのでカッパということらしい。

ちなみに、恋愛感情のもつれは時として悲劇を生むこともある。同性愛的感情を持っていた仲間が急によそよそしくなったことを恨んで、刃傷沙汰になった事例があるのだ。

このようなことが起きないように、刑務官が同性愛的感情に気付いた際は、工場替えや部屋替えをして、引き離すように配慮をしている。

受刑者の権利

受刑者は刑務所内で不当な扱いを受ければ、刑務所所長、法務大臣だけでなく、かつて私が委員長を務めた刑事施設視察委員などに対して不服の申し立てができる。

この制度は「不服申立制度」と呼ばれるもので、願箋に内容を書いて願い出れば、是正措置がとられることになっている。

また、不服の申し立ては些細なことでも可能である。

以下、実際、過去にあった不服申し立ての事例を紹介する。

運動場の備え付けサンダルが大きすぎる／入浴日なのに入浴を禁止された／朝食の主食の中に異物が混入していた／洗濯物の乾きが十分でない／梅雨時、畳に小さな白い虫がわいた／毛布カバーの洗濯をしてくれなかった／カルテに記載されていない薬を投与された／毎日、動作時限表より30分以上も早く配食された／蛍光灯のカバーの中に虫が多く入り薄暗いので、掃除してくれるように願い出たが、掃除してくれない／汚いスプーンで食べさせられている/反則行為をしていないのに懲罰を科せられた/運動中、運動のことについて尋ねたところ、職員から叱られた

以上が受刑者からの申し立てになるが、緊急を要するような深刻なものではなく、シャバでもあり得そうなクレームが散見する。刑務官は一日に多くの受刑者を相手にしなければならないので、時として勘違いや間違えは起こってしまうものと考えられる。とはいえ、このような些細な申し立てであっても、刑務所は受刑者の申し立ての一つひとつに真摯に対応していることをご理解頂きたい。小さいことが大きいと言われている。

受刑者の隠語

先述のカッパやアンコウのほかに、刑務所では多くの隠語が使われている。もしも、「あなた」が刑務所に入ってしまった時のために覚えておいたほうがいいかも知れない。

【チンコロ】　ほかの受刑者の規則違反を刑務官に告げ口すること。
【温麺《ぬるめん》】　夏季に出る冷麺。食べる頃にはぬるくなっている。
【鳩を飛ばす】　不正な手段で受刑者に手紙を送ること。密書。
【サラ】　新米受刑者のこと。
【豚】　雑居房で大きないびきをかく受刑者のこと。
【見栄詐欺師】　自分を大きく見せるために嘘や虚勢を張る受刑者のこと。
【名札】　舎房の扉の横などに設置されている表札。刑務官が使う用語。
【やまくち】　ほかの受刑者に対しての悪口や陰口のこと。
【走る】　受刑者が逃走、もしくは逃走しようとする際に使う。刑務官の用語。
【草鞋】　とんかつやハンバーグのこと。
【ヤクネタ】　ほかの受刑者に迷惑をかける人のこと。疫病神。
【スイバレ】　雨の日のこと。

以上が受刑者たちの使う隠語の一部である。

刑務所には独特の文化が醸成されていることが分かるが、近年ではこれらの隠語を使う人は減っているという。

一般社会ではまず使わない言葉の数々であり、「あなた」が今後使うことのないように祈っておきたい。

第三章　受刑者の楽しみと癒し

受刑者の休日

罪を犯した受刑者だからといって年中無休で働かされるわけではない。

受刑者にも休日があり、土曜日、日曜日、祝日に加え、年末年始、お盆の時期には3日間の休みが設けられている。休日扱いではないが、「矯正指導日（教育的処遇日ともいう）」も月に2日あり、免業日（刑務所では休日を免業日と呼ぶ）ということで、実質、休日となる。

シャバで暮らしている人よりもしっかりと休みがある超ホワイトな環境だが、当然ながら休日だからといって、刑務所の中を散歩することや隣の舎房に遊びに行くことはできない。休日の起床時間は平日より30分遅く、少しだけ寝坊ができる。

点呼を取って朝食をとったあとは、基本的に自由時間となる。

刑務所にもよるが、午前8時から10時までと、午後6時から9時まではテレビを観ることができる。このテレビに関しては、後述する「優遇区分」が2類になると、食事の時間以外は自由に観ることができるようになる。

刑務所には受刑態度の評価に基づいた「優遇区分」というものがあり、日頃の優遇に差が出る。5類からはじまり、一番上が1類となる。減点制度で点数が引かれると、テレビの視聴をはじめ、面会や手紙の発信、差し入れなどが制限される。雑居房では、点数がたまった受刑者がいればテレビ視聴が制限され、ほかの受刑者も連帯責任で見ることができない。それが原因でトラブルに発展することもある。

テレビは、読書と並んで受刑者が楽しみにしていることのひとつだが、そうはいっても観られる番組は限られている（受刑者が自由に番組を選べる刑務所もある）。人気があるのはノンフィクションで、大相撲や歌番組も人気が高いという。

何かと制限が多い刑務所だが、テレビを観る時は布団を敷いてパジャマを着用し、横になることが許される。リアルタイムの番組ではなく、一度検閲して内容をチェックしたあとに、録画放映する刑務所も少なくない。

休日の昼食も平日同様に12時頃だが、夕食は午後4時で平日より1時間早い。献立も平日に比べて貧弱である。これら食事とテレビ視聴以外では、囲碁や将棋、読書、雑談、手紙を書くなどして時間を過ごす者もいるが、午後の「午睡」、夕方の「仮就寝」と、寝ている受刑者も多い。

また、模範囚は集会に参加し、甘い物をとりながら、映画鑑賞やイベントを楽しむことができる。

矯正指導日（多くの刑務所が第2、第4金曜日）は刑務作業がなく、決められた番組を視聴しての感想文や、毎月の生活目標とその達成度を自己評価してノートに記載、担当刑務官に提出し添削を受ける。自己を内省させ矯正を促すのが目的だが、実質的には休日のようなものであり、毎月3連休が二度あるということになる。月曜日が祝日であれば、4連休となる。

しかし、矯正指導日を含む休日は、多くの受刑者にとって退屈であり、時間が過ぎるのが遅く感じる辛い一日でもある。そのため、「刑務作業をしているほうが楽」という声も多い。

年末年始などの長期連休になると、その辛さは一層増す。ストレスがたまり、雑居房などで受刑者同士のいざこざ、喧嘩が多発するのもこの時期が多いと言われている。

受刑者の娯楽

２０１７年に法務省が実施した刑務所を出所した元受刑者へのアンケートで、「受刑生活で良かったこと（３つ選択）」という項目がある。上位5位の結果は、1位が「面会・手紙・差し入れ」の31・８％、２位が「読書」の29・４％、３位が「テレビ・ラジオ」の29・２％、４位が「運動」の22・６％、５位が「刑務作業」の21・７％となっている（食事や入浴は10％台にとどまっている）。

運動や刑務作業、面会・手紙・差し入れといった舎房内生活とは異なる項目を除けば、読書とテレビが娯楽のツートップなのだ。

読書に関しては、本の差し入れが許されているが、検閲があるため読みたい（見たい）本をすべて手に入れることは難しい。油断をすると懲罰の対象ともなり、トラブルが多いのも事実である。

加えて、稼ぎのない受刑者（月４５００円程度の作業報奨金はある）にとって本の購入は、長い刑務所生活の中でかなりの負担になる。

手持ちの金を持っている受刑者は好きなだけ本を購入して読書を楽しめるが、多くの受刑者の懐事情はけっして温かくない。

そこで利用されているのが、刑務所内の図書室である。

設備の整った刑務所には、図書室がある（本棚程度のところもあるが）。ただし、本の数は個人経営の本屋ほどの少なさである。これら刑務所が用意する本を「官本」というが、2週～4週程度に1～4冊程度貸してくれる。もちろん、ただで貸してくれるが、その多くはリサイクル品であり、新品は望めない。

「読書」「テレビ」（テレビに関しては前項参照）が受刑者の娯楽のツートップだが、それに続く人気の娯楽が将棋と囲碁だ。刑務作業の休憩時間や夕食後の自由時間に、多くの受刑者が楽しんでいる。

盤と駒は雑居房に1セットずつ常備してあり、工場にも数セット常備している刑務所もある。工場での刑務作業の休憩時間は、午前と午後、それぞれ15分ずつ。その短時間でも、受刑者は将棋と囲碁を楽しむ。当然、盤と駒のセット数は限られているので、あぶれた受刑者は順番を待つことになる。

塀の外では、他人の盤上の勝負を眺める風景を目にするものの、刑務所内では観戦することは禁止されており、注意の対象となる。最初は注意だけで済むが、二度、三度となると、懲罰の対象となることもある。

受刑者の将棋・囲碁熱はすさまじく、年中行事のひとつとして、工場対抗の囲碁・将棋大会を開く刑務所もある。

各工場から棋士が選ばれ、ゲームごとに対抗戦を行う。大会は休日を使ったワンデートーナメント制であり、この日だけは他人の勝負を観戦してはいけないという規則は適用されず、試合の終わった受刑者は観戦を楽しむ。

また、刑務所内には、俳句・詩歌クラブや合唱クラブ、書道クラブ、絵画クラブなどがあり、月二回ほどのスパンでクラブ活動が開催されており、それを楽しみにしている受刑者も多い。

そして受刑者の娯楽で忘れてならないのは、映画鑑賞や運動会、年に数度開催される芸能人慰問などのイベントである。これらのイベントに関しては事項で詳述する。

刑務所のイベント① 慰問

受刑生活の数少ないイベントの中で、受刑者がもっとも楽しみにしているのが月一回程度の慰問である。慰問に訪れる者はボランティアであるのでノーギャラだが、歌手や漫才師、落語家などさまざまなジャンルの芸能人が訪れ、時には売れっ子の大物タレントがやってくることもある。

慰問は受刑者たちにとって一大イベントであると同時に、刑務官たちにとっても大きなイベントである。慰問中、刑務官は受刑者が問題を起こさないように、監視の目を光らせている。受刑者同士で勝手に話していないかチェックし、拍手などをするタイミングも事前に決めておかねばならない。

ちなみに、受刑者は鑑賞の際に許されているのは拍手のみで、手拍子や一緒に歌を口ずさむことは禁止されている。

また、イベントの内容も出演者サイドと刑務官で話し合い、受刑者を刺激しないように気を配っている。

慰問の出し物は多彩であり、もっとも人気があるのが「漫才」で、時には大物芸人もやってくる。「歌謡ショー」は演歌歌手などプロの歌手以外に、地元の歌謡同好会も慰問に訪れる。「落語」は、真打の落語家が来所することもあり、古典から新作までさまざまな落語を聞くことができる。ひとりで複数の役を演じ分ける「ひとり芝居」に魅せられる受刑者も多い。

ほかにも、「和太鼓演奏」や「合唱」「ダンス」など、受刑者の日々の厳しい生活を癒す出し物が演じられる。

慰問は、一般的に歌手・俳優などの芸能人による刑務所訪問が有名だが、実際には、それら有名人に加えて地元の有志による慰問も数多く行われている。

刑務所慰問で有名な芸能人と言えば、歌手で俳優の杉良太郎氏である。

彼はデビュー時から60年にわたって刑務所慰問を続け、その功績に対し、法務省は大臣顕彰状を贈っている。杉氏の訪問回数は約１００回を数え、訪問先は全国74の施設にのぼる。

また、法務省は、２０１５年に「矯正支援官制度」を発足させた。

「支援官」は無報酬によるボランティアで、刑務所をはじめとした全国の矯正施設を訪問するというもので、各界の有名人へ矯正支援官が委嘱された。法務省による公式の慰問制度ともいえるものだ。

杉氏は法務省から2008年に「特別矯正監」に任命され、矯正行政について提言を続けてきたが、「矯正支援官制度」発足も杉氏の提案によるものだったという。

杉氏と並んで、今、受刑者から絶大な支持を得ているのが女性歌手ユニットの「Ｐａｉｘ²（ぺぺ）」。彼女たちは慰問という言葉は使わず「プリズンコンサート」と表現する。2000年のデビュー以来、400回以上のプリズンコンサートをこなし、全国の刑務所から引っ張りだこの「刑務所アイドル」である。その活動が評価され、法務大臣より感謝状が授与されている。

刑務所のイベント② 集会（映画鑑賞会）

月一～二回、休日に開催されるのが、刑務所内で「集会」と呼ばれている娯楽の少ない受刑生活に彩りを与えてくれるイベントだ。

「集会」とは刑務所内で行われている映画鑑賞会のことを指し、模範囚だけが参加することができる。ここでいう模範囚とは、刑務所内の制度である「優遇区分」によって決められる。

先述したが、「優遇区分」とは、1類～5類まで受刑者の素行や受刑態度をランキング的に分類したもので、受刑者にやる気を起こさせると同時に、官（刑務官）に逆らえないように考えられたシステムでもある。懲罰がムチであれば、「優遇区分」はアメともいえる。

新入の受刑者は5類からスタートし、何も問題を起こさなければ半年後に3類に上がれる。4類は懲罰を受けた時に下げられるポジションなので、5類の次は3類になる。したがって、ほとんどの受刑者は3類であり、この3類以上が模範囚とされ、「集会」に参加し、映画鑑賞を楽しむことができる。

上映される映画は過激な描写が少ないものが中心で、受刑者を刺激しないヒューマンストーリーやアクション映画が上映されることが多い。

どの映画を上映するかは教育担当の刑務官が決めているのだが、その映画の費用はすべて刑務官のポケットマネーから出ているという。担当刑務官自らレンタルビデオ店でDVDを借りてきて、受刑者のためにさまざまな映画を上映してくれるのだ。

ただし、上映時間は1時間程度であり、観ることができる映画は限られている（一度の集会で全編を観ることができない映画は、二度に分ける場合もある）。

映像ということであれば、受刑者は日々テレビを見ており、映像に飢えているわけではない。実は、集会参加の眼目は映画鑑賞にあるのではなく、鑑賞しながら食べることができる「菓子」にあるのだ。

刑務所では甘いものを食べる機会が少ないため、ほとんどの受刑者は甘いものに対して、塀の外の人間には想像できないほどの飢餓感を持っている。その甘いものを食べるチャンスが集会なのである。

3類の受刑者は月一回、2類の受刑者は月二回、集会に参加できる（甘いものを食べられる）。そのため、3類の受刑者は2類にあがること（累進）に血眼になるのだ。

累進の機会は、半年に一回、年に二回しかない。この機会を狙って受刑者は、表面上は素行を正し、真面目な行動に努め、刑務官の印象を良くしようと涙ぐましい努力をする。というのも、刑務官のさじ加減ひとつで累進が決まるからである。塀の外の人間には笑い話になるが、「月二回のお菓子のために」受刑者は奮闘努力するのである（2類に上がると、面会回数や所持する日用品等も優遇される）。

ちなみに菓子購入費用は自己負担であり、およそ300～500円で、刑務所が指定する3点の菓子を買う。

ドリンクは刑務所によって違いがあるが、ドリンクを選ぶと菓子は2点になるなど、金額が調整される。

なお、1類の受刑者は、刑務所の指定する日（おおよそ、週一回）に集会があり、菓子の点数も増える。

刑務所のイベント③　工場対抗大運動会

毎年10月に行われる「工場対抗大運動会」が近づくと、受刑者たちはその準備に忙殺される。その理由は、年末年始の行事など多くのイベントが刑務所サイドからのお仕着せのものばかりなのに対して、運動会だけは受刑者自身が役員を選んで刑務所サイドやほかの工場の役員と折衝を重ね、プログラムを作り、選手を選ぶ主体的なイベントだからである。

役員は、受刑態度や素行が良い「優遇区分」の1類や2類の受刑者から選ばれるが、ここは一筋縄ではいかない受刑者の集まり。仲間の同意を得ることは並大抵でない。おのずと、選手選考は運動会開催間近にずれ込むこととなる。

選ばれた受刑者は、運動時間中、筋トレやランニングに余念がない。日常、運動時間でも走るのは禁止されている受刑者にとって、走り通すことが肝心なのである。

運動会の種目は、100m走や500mリレー、障害物競走など、いずれも勝負の順位が一目瞭然のものばかりだ。人並みの体力があれば、誰でも怪我せずに参加できる種目に限られる。

成績が良かった受刑者にはノートやボールペンなどの賞品が手渡され、勝ち点がボードに加算される。

受刑者は、処遇の種類や内容、刑期、犯罪傾向などによって分類され、それぞれ別々の舎房に収容されているが、運動会は合同で行われる。

刑務所の運動会は、紅白対抗という大雑把な組分けではなく、工場対抗のため、どの工場担当刑務官も優勝を目指し、率先して計画を練り、受刑者たちを激励し、受刑者たちもその熱意に応えようとするのである。日頃、刑務作業中は私語禁止で黙々と作業する受刑者とは、別人のような意気込みである。

刑務所の年間行事の中で、受刑者と刑務官が真に協働して行われる運動会は、もっとも盛り上がるイベントといっていい。ただし、実際の運動会で当の刑務官は、自分の工場が活躍していても、監視という重要な任務をまっとうするため、制服姿で黙って見物していることが多い。

運動会は、全員が盛り上がる塀の中の一大イベントだが、塀の外の運動会と決定的に違うのは、応援に鳴り響く太鼓の音や、運動会の定番「天国と地獄」などの音楽が流れてこないことだ。

これは、周辺の住民からの苦情抑制のためである。刑務所はやはり近隣地域からは迷惑施設と見られているのである。

刑務所が盛り上がる運動会の日の昼食は、基本的に弁当である。

刑務所での普段の食事では、麦と白米のブレンド米が使われているが、運動会の日の弁当は白米100%。白米のご飯を食べられるのは、正月三が日と運動会だけなので、この白米を楽しみにしている受刑者もいる。

さらに運動会では、おやつとして菓子やジュースを支給する刑務所もある。年に一度の運動会は、受刑者にとって正月と並ぶ楽しみなイベントなのである。

ちなみに、在日米軍関係者が収容されている横浜刑務所横須賀刑務支所でも運動会は行われている。彼らは日頃から鍛えているだけに、日本人とは比べものにならないくらい強く、大活躍することは言うまでもない。

刑務所のイベント④ 文化祭

刑務所のイベントには、文化祭というのもある。府中刑務所が毎年開催している催し物なのだが、この日に限り一般開放している。

文化祭と言えば食べ物だが、刑務所の食事を再現した弁当や、受刑者が作ったパンが売られている。また、受刑者が刑務作業で作った革製品なども買えるのだが、意外と高値がついているので驚く人が多い。

ちなみに、プリズンアドベンチャーツアーという名の見学ツアーも開催され、工場や浴場、体育館などの施設内をおよそ30分かけて見られるが、受刑者の収容施設を見ることはできないし、受刑者の姿も見ることもできない。また、施設内の撮影は禁止となっている。

受刑者が楽しむというよりかは、一般市民や刑務所ファンのためのイベントではあるが、毎年11月3日に開催されているので、興味がある人は足を運んでみるのもいいかもしれない。

受刑者の正月

年末年始がめでたいのは刑務所の内も外も変わりはない。受刑者にとって大みそかと正月は、一年で楽しみな日のひとつだ。

普段は午後9時に就寝しなければならない受刑者たちも、大みそかだけは深夜0時まで起きていることが許される。テレビも、普段は午後7時から9時の間しか観ることができないが、NHK紅白歌合戦に限り、特別に最初から最後まで観ることができる。

だが一方で、12月29日から1月3日まである年末年始の長期休暇は、辛い時間でもある。ほぼ一週間、舎房の中に閉じ込められたままとなる。正月休みは二回入浴があるが、それ以外は外に出ることができないのである。

そうなってくると、唯一ともいえる楽しみが食事になってくる。

大みそか、そして正月が受刑者にとって楽しみであることの最大の理由は、その食事にある。普段とは異なることを知っている受刑者たちの食事への期待は、否《いや》が応でも高まる。長期受刑者はその内容の想像はついていても、やはり楽しみなのだ。

まず、大みそかであるが、残念ながら食事の内容は普段と変わらない。ただし、「年越しそば」が出る。基本的にカップ麺ではあるが、受刑者にとって塀の外の味であり、普段決して口にできないカップ麺はごちそうなのだ。

年末年始でも普段の休日と同じように、夕食は午後4時と早く、さらに「年越しそば」が配食されるのが1時間後の午後5時。一つひとつの舎房に、配食係がカップ麺にお湯を直接注いで回る。

正月は一年に一度のハレの日であり、食事も別モードとなる。刑務所でもおせち料理とモチが出る。おせち料理は元旦の朝に配られる。「おせち料理」と記しているが、刑務所側は正月折詰め、もしくは単に折詰めと表現する。

その内容は、ある刑務所のおせち料理を例にとると、トンカツ、チキンソテー、グラタン、海老塩焼き、鰆西京焼き、かまぼこ、紅白なます、黒豆、栗きんとんなど、中々豪華であるが、コンビニ幕の内弁当に似た容器内に一口サイズで詰め込まれたものだ。

このおせち料理は、1月2日か3日の夜までに食べ切るとされているが、ほとんどの受刑者は手をつけると箸が止まらなくなり、元旦に食べ切ってしまうという。

正月の食事のもうひとつの魅力的なフードであるモチは、刑務所によって回数は異なるが、正月の1日~3日、昼食に三回出してくれる刑務所もある。雑煮、のりモチ、ぜんざいが、それぞれ一度ずつ出てくる。

正月の料理に関して塀の外からは、受刑者が豪華なものを食べていると指摘されることもあるが、その程度は刑務所によって大きく異なる。コンビニで売られている幕の内弁当の大きさより小さい、のり弁程度の量のところもあれば、おせち料理ではなく単に幕の内弁当といったところもある。

モチに関しても、正月三が日に一回だけしか出さない刑務所もある。だが、近年の刑務所の正月料理は豪華なラインナップを揃えているところが多い。「早く罪を償って刑務所を出れば、こんな美味しいものが食べられる」と、おせち料理を通じて早期矯正を促しているともいえる。

ただ、受刑者の食事については年間で予算が決まっているため、おせち料理を豪華にする代わりに、日々の食材費を削っているという裏事情もある。

ちなみに、刑務所にとって12月は退所のラッシュとなる。せめて正月くらいはシャバで過ごして欲しいという刑務所側からの配慮なのだが、逆にシャバにおいては年末になると犯罪が増える傾向にある。

冬を刑務所で過ごすためだが、累犯者は刑務所の正月の食事事情を熟知しており、ごちそうにありつこうという者が現れるのである。

受刑者の面会

受刑者にとって、面会というのも楽しみのひとつである。受刑者と面会できるのは、事前に受刑者が刑務所に申請した者に限られる。

たとえば、刑務所に入所したらしい知人に会うため、事前に電話で刑務所に問い合わせても、当人がその刑務所にいるのかいないのか、別の刑務所に入所しているのかどうか、親でも遠方でも、刑務所は一切問い合わせに応じない。面会するためには、本人と手紙で連絡を取り、面会に出向く旨を伝える必要がある。

面会は親兄弟に限らず、本人との関係性が明確で、かつ本人が当日拒否しない限り、誰でも面会は可能である。ただし、事前に「面会人の登録」が必要な刑務所もある。一度の面会は3人までで、一日1組に限られるが、連日の面会も許されている。

面会が許されるのは平日のみで、時間は午前8時30分から午後4時の間、30分程度と決まっている。面会の回数は、受刑態度を評価した1類から5類の「優遇区分」によって制限がある。入所したばかりの5類と懲罰で格下げされた4類は月二回、3類は月三回、2類は月五回、1類は月七回と決まっている。

つまり、素行良好で模範囚であればあるほど面会の回数が増える仕組みになっている。

面会希望者は、刑務所まで行き、所定の用紙に必要事項を記入し、受付を済ませる。申し込みが済むと面会整理表が渡される。これには受付番号と面会のフロアなどが書かれている。そして、面会所の隣にある面会人待合室で、自分の番号が呼ばれるのを待つ。番号が呼ばれたら検査室に入り、手荷物のチェックを受ける。カメラや携帯電話、タバコなど手荷物は部屋に持ち込むことはできないので、面会の際は、貴重品以外は職員に預けなければならない。

その後、職員に指定された面会部屋に入る。部屋にはアクリル板が二重に重ねられた仕切りがあり、声が聞こえやすいように小さな穴がいくつも開いている。

基本的に刑務官がひとりつき、会話内容はすべて記録される。

面会状況を録画・録音する刑務所もある。

また、刑務所によっては親族に限って立ち会いなしのところもある。

知人や家族が面会に来ると、受刑者は工場での作業を止めて、面会室へ行くことができる。面会室に着くと、自分の番が回ってくるまで、受刑者は電話ボックス風の待合室で待つことになる。

面会では「外国語で話してはいけない」「面会中は暗号や符号を使ってはいけない」「暴力団の話題を出してはいけない」など、さまざまな規律があり、これを破ると面会はその場で強制的に終了となる。

面会は受刑者にとって塀の外の空気を味わい、唯一気を抜くことができる時間であり、そこでの親しい人との交流は心の支え、生きる力となるものなのだ。

受刑者への差し入れ

家族や友人からの差し入れは、受刑者にとって非常にありがたいものだが、その差し入れにも厳しい規律が存在する。

基本的に刑務所では、私費で購入・所持できるものがかなり限られており、差し入れに関しても刑務所が指定した売店で購入した物に限っている刑務所がほとんどである。刑務所でも郵便や宅配便での差し入れは許されているが、書籍、切手、現金など一部に限定されており、それ以外の物を送っても結局無駄になってしまう。仮にそれらを送った場合は刑務所預かりとなり、出所時に渡されることになる。購入できるものが限られている以上、自分で買っても同じことであるから、受刑者にとって現実的には、書籍や現金（一回につき3万円まで。刑務所が管理してくれるので安心）がもっともありがたい差し入れとなる。

差し入れ可能な物をあげれば、刑務所指定のシャツやパンツ、靴下、タオル、本・雑誌（ひとりにつき月3～10冊）、写真（一回につき10枚）、刑務所指定のチリ紙、ノート・便箋、筆記用具、洗面用具などだ。書籍以外は刑務所指定の物に限られると考えていい。

ちなみに本・雑誌は、反社会的組織の活動や犯罪の手口の紹介、刑務所内部が書かれたものなどは差し入れ不可となるが、意外と厳しくはない。俗にいうエロ本も、かなりきわどいものでなければ差し入れ可能である。

差し入れ不可の物は、私服すべて、布団（官物を使用）、食べ物（手作り弁当などは受け入れられない）、ゲーム、パソコン、スマートフォンなどの電子機器はもちろん、御守りもＮＧとなる。

また、刑務所指定外の生地が分厚いタオルや長いタオル、紐やジッパーなどがついた衣服の差し入れは、自傷行為や自殺を防止する観点からで禁止されている。

面会などで訪れて差し入れする人は、刑務所内にある売店で物品を指定して購入すると、売場担当（刑務官ではなく法務省の外郭団体「矯正協会」のスタッフが運営）がチェック会計して、その店から直接、受刑者に届けられる仕組みになっている。

しかし、受刑者は舎房内で所持できる品数の数が決められているため、受刑者の家族が受刑者に差し入れをしても、品物はすぐに受刑者の手元には届けられない。

まず、差し入れ品は受刑者別に設けられた保管箱に収容される。その後、受刑者に何が差し入れられたかを伝え、受刑者に差し入れ品を舎房内に持ち込むかどうかを決めさせる。このようにして、決められた所持数を越えないように、受刑者自身に物品の管理をさせているのだ。

また、所持品には重量制限があり、60ℓをオーバーすれば廃棄しなければならない。しかし刑務所では、「ゴミ箱に捨てる」という塀の外の常識が通用しない。廃棄には許可が必要で、勝手に廃棄すると懲罰の対象となりかねない。

荷物処分のもうひとつの手段が、差し入れの逆、知人に荷物を引き取ってもらう「宅下げ」がある。面会時に窓口で、あるいは郵送も可能だ。言うまでもなく「宅下げ」においても、事前に登録し許可をもらう必要がある。

受刑者の文通

かつて手紙のやり取りは、入所直後に申請した相手（親族や友人）とのみ許可されていたが、現在２００６年の法改正により、原則として、受刑者は誰とでも手紙のやり取りが可能となっている（ただし、元受刑者や暴力団関係者などは許可されない可能性が高い）。

手紙は面会と異なり、制限がほとんどなく通信できる唯一の手段だ。速達や電報も可能である。

塀の外の人が刑務所に手紙を送る場合、ハガキでも封書でも書留でも構わない。便箋何枚書こうが、どんな風に書こうがまったく制限がない。写真を同封しても構わないし、証明書や契約書などの書類も届く。

もちろん、受刑者が出す手紙だけでなく、送られてきた手紙も検閲はされる。

犯罪のにおいがするような手紙や身内同士でしかわからない、独特な言葉遣いや言い回しも暗号と見なされ検閲に引っかかる。

受刑者が手紙を出す場合は、塀の外の人が手紙を刑務所に送るのに比べて、多くの制限・制約がある。

手紙は週一回、所属する工場が決めた曜日にしか出せない。出す時は検閲があるので封はせず、工場の担当刑務官に提出する。入所したての頃は、月に4通しか出せない。半年無事に過ごすと「優遇区分」で3類に累進、月5通出せるようになる。ちなみに一回につき2通まで出せる。

便箋の使い方にも細かい決まりがある。

一度の手紙で便箋は7枚以内、筆記用具は黒か青のボールペン、便箋の枠外記入やイラストは不可、日本語のみを使用するなど、細かい規定がある上に、問題がある場合は書き直しを指示される。

書く内容に関しても厳しい制限がある。

犯罪に関することは当然却下だが、金の無心、人の悪口や受刑者・刑務官の名前、日常の様子、刑務作業や刑務所内の行事、刑務所内の建物の配置なども検閲に引っかかる。もちろん、送られてきた手紙同様、身内同士でしかわからない独特な言葉遣いや隠語、暗号めいた言い回しも許されない。

さらに面倒なのが、手紙を出す際は前の週に予約しておく必要があることだ。急な予約や当日発送は受け付けない。宛名以外の者に手紙を同封することは禁止だが、同居している家族ならば一名まで一緒に書いてもいい。

また、許可をもらえば差し出し先の住所は書かなくてもいいというルールがある。近所、あるいは我が子に手紙の住所から刑務所だとわかってしまうことを避けたい受刑者もいるからだ。その場合、一回ごとに願箋（各種願い出に際して、その内容を記した書類）で許可を取る必要がある。

手紙のやり取りは、仮釈放の査定の際にプラスに働くともいう。特に身元引受人とのやり取りが重視されるといわれている。ただし、手紙の内容によっては仮釈放が見送られるということもある。

先述したが、刑務所に送る側の人間には手紙の形式や回数について、細かい規定は一切ない。可愛らしいデザインの封筒や、大きな封筒などで出しても送り返される心配はいらない。

注意すべき点としては、検閲があるので内容はチェックされるので、刑務官が不審に思うようなことを書くべきではない。送り先の受刑者が呼び出しをくらうので、読みやすい文章を心がけるのがいいだろう。

受刑者の日記

塀の外では日記など書いたことがなかった人でも、刑務所生活に慣れてくると日々の生活を記録してみたくなるという。娯楽のない塀の中、日記は適度に時間をつぶせる趣味となるのだ。

しかし、その日記を書くノートの使い方にも細かなルールがあり、受刑者は当然、これらのルールを守らなければならない。

刑務所によって若干の違いはあるが、「ノートの使用心得」、すなわちノート使用には次のような規定がある。

・ページに番号を付け、順番に使用しなければならない
・他人を誹謗《ひぼう》、中傷してはならない
・刑務所生活に関する事実を捻じ曲げて書いてはならない
・わいせつな絵や残酷な絵など規律を乱すものを描いてはならない
・親族表に書いた親族以外の個人情報をノートに書いてはならない
・符号や暗号、意味不明な文章を書いてはならない
・所内の建物配置図を文章化および図面化してはならない
・検査のために提出を求められたら、必ず提出しなければならない

こうした規定はノートの1ページ目に貼られ、それをはがすことは禁じられている。また、余白を残して書くこともNGである。

これらの規定を破ると日記は没収（一部抹消の場合もある）されてしまう。尚、使用するノートはB5、A4判、刑務所指定のものに限られている。

ノートには雑記用と学習用があり、日記には、雑記用を使用するように決められている。

雑記帳は、その名の通り、雑記に向いているため、絵を描く受刑者もいる。規定にあるように、わいせつな絵や刺青の下絵、残酷な絵など風紀を乱すおそれのあるものを描いてはいけない。その一方で、家族恋しさに、家族の絵を描く者もいる。もちろん、家族の絵を描いてもかまわない。

日記は数ヵ月に一度の検査（検閲）があるが、問題となるのは出所、もしくは宅下げ（私物を塀の外の人に引き取ってもらうこと）の時である。日記は刑務所内部のことや、ほかの受刑者の個人情報、刑務官についての記述がある場合が少なくない。

日記という性格上、それは必然でもあり、受刑者にとって、刑務所生活の日々を綴った日記は貴重なものだ。しかし、出所の際に持ち帰ることができるかどうかは、刑務所の判断次第なのだ。「宅下げ」も同様である。明確に規定に抵触（特に刑務所内の建物配置図など）する内容が記載されていれば没収となる。

多くの受刑者は、貴重な刑務所生活の記録である日記没収を回避するため、記述には細心の注意を払っている。

受刑者のショッピング

受刑者は、刑務所の中で買い物をすることができるが、多くの制限がある。当然ながら電子マネーやカードでの支払いはなく、作業報奨金（刑務作業の給与）や領置金（手持ちの金）で買い物をする。

買い物は月に一〜二回で、毎月決められた日に注文することになっている。買うことができる物は、日用品や書籍、衣服など、刑務所指定の物に限られる。買う量にも制限があり、ストレス発散のために「爆買い」などはできない。

また、刑務所で売られている商品はすべて定価であるため、塀の外の一般的な価格よりかなりの高額となる。最近では、大阪刑務所で販売されている商品が高額過ぎるとして、大阪弁護士会が刑務所に改善勧告したほどだ。

たとえば、２０１６年時点の価格で、歯ブラシ１本１８１円、ティッシュ８００枚入り５９４円、男性用パンツ１枚７０２円といった具合である。

買い物といっても、塀の外のように売店などに出向いて、現物を見て購入するわけではない。商品名や商品番号、金額が書かれたリストを見て決めなければならない。

その注文方法には、専用のマークシートが使われる。

マークシートには、呼称番号と呼ばれる各自の固有番号や姓、居室の舎房、商品番号や購入する個数などを正確に記載しなければならない。鉛筆ではなく、黒色ボールペンで記入（マーク）する必要があり、書き損じた場合、一回分の注文は見送らなければならない。買い物が1ヵ月後となるため、記入は気が抜けない作業なのだ。受刑者の中には、書き損じる者も少なくない。

さらに厄介なのが、マークシートであるにもかかわらず、商品名を手書きで書く必要があることだ。

受刑者の中には、「注文したものがこない、交換しろ」「こんなもの注文していない」など、マークシートに難癖をつける者が少なからずいる。そうしたトラブルを防ぐため、商品名を手書きさせるのである。

受刑者が一番楽しみな買い物は、本・雑誌である。日用品は必需品であり、買わねばならないものだが、本・雑誌は娯楽、楽しむための買い物だからだ。

受刑者に人気の本・雑誌は、いわゆるエロ本であるが、それ以外にも漫画や実録系週刊誌の人気も高い。これら本・雑誌の購入の際にも検閲がある。

刑務所でエロ本は禁止されているわけではない。ただし、明確な基準があるわけではないものの、検閲にひっかかるエロ本もある。受刑者たちはその微妙なラインを探るわけだが、コンビニで売られているようなエロ本であれば、検閲に引っかかることはないという。

買い物をするためには、手持ちの金が必要になる。作業報奨金も使えるが、使いすぎると仮釈放の査定に響くため、多くの受刑者は作業報奨金にあまり手をつけない。月約4500円程度であるため、少々の買い物でも使いすぎると見なされるからである。

また、受刑者には手持ちの金がゼロの者も少なくない。

刑務所用語で「ゼロセン」と呼ばれる、そうした受刑者は買い物ができないため、刑務所から支給される「官物」を使ってしのぐことになる。刑務所生活は自費で購入しなくても、「官物」ですべて賄えるようになっている。

しかし、「官物」は最低限のものしか用意されていない。パンツ、靴下、防寒着、運動靴などである。チリ紙、石鹸、タオルなどの消耗品も、残量を気にして使うことになる。官物によるゼロ円生活は、けっして楽とは言えないのである。

受刑者の拘禁反応

シャバで会社と家を往復しているビジネスマンより、イベントが盛りだくさんの刑務所生活だが、実はこれらは受刑者たちの心身の健康維持に役立っている。

変化に乏しい暮らしを何年も続けていると、拘禁反応が起こり、精神的なコンディションに変調をきたし、無表情になったり、無反応になったりする。

拘禁反応に陥るのを防ぐには刺激を与えることが何より重要とされるが、紹介してきたように、受刑者たちは数々のイベントを通して、変化に富んだ日常を送れているのである。

受刑者の脱獄

受刑者の生活は楽しいイベントが盛り沢山だが、それでも塀の外の暮らしよりもずっと単調である。思わず逃げ出したくなることもあるだろう。

そこで、受刑者なら誰でも頭によぎる「脱獄」について本章の最後に触れておきたい。単刀直入にいうと、日本ではここ数十年の間で脱獄して逃げきった受刑者はいない。

しかも、世界でも稀にみる脱獄事件の少ない国といわれ、受刑者の逃走件数は、1982年以来、年間3件以下で、1997年から2000年までの4年間は皆無であった。

しかし、歴史を振り返れば、かつて日本に4度の脱獄に成功し、「昭和の脱獄王」と呼ばれたとんでもない男がいた。

その男の名前は白鳥由栄《しらとりよしえ》。1936年、30歳の時に強盗殺人の罪で青森刑務所に入獄した白鳥は、その翌年、針金で舎房の鍵を作り、牢を開錠して脱獄。その後も逮捕、収監と脱獄を繰り返した。白鳥は秋田刑務所、網走刑務所、札幌刑務所に収監されたが、それぞれ、手製の金ノコで鉄格子を切断したり、舎房の床下に穴を掘ったりして、脱獄に成功している。

近年も受刑者が脱獄してマスコミを賑わすこともあるが、白鳥のような脱獄王は今後は出ないと思われる。なぜなら、多くの受刑者は脱獄を考えるものの、刑務所のことを知れば知るほど脱獄など不可能だと思い直すからである。

刑務所では脱獄できないように、ありとあらゆる工夫がなされている。

まず、舎房に細工ができないように受刑者は一定期間で部屋を変えられ、さらに4・5m以上の塀が、文字通り高い壁となって脱獄を阻んでいる。といっても欧米の刑務所の堅牢さには及ばない。逃亡がないのは他の理由がある。

万が一、脱獄に成功しても今度は逃亡生活が待っていることを忘れてはならない。逃亡後48時間は刑務官が逮捕権を持ち、刑務所の威信を懸けて、徹底的に捜索にあたる。それ以降は警察が徹底した捜査を行うのである。日本に逃げ込めるところはないのである。

また、日本で脱獄事件が少ない背景には、日本人独特の文化も影響しているといわれている。

日本は多民族国家ではないが、異なる外国籍の人でも長く日本に住んで同化した人が多く、お互い相手の心理や考え方、価値観がまったく相容れないほどの違和感を抱くことはまずない。

そうした文化を背景に、受刑者と刑務官という異なる立場の間であっても、以心伝心でお互いわかり合えるという日本独特の良好な対人関係が形成されやすい。逃げれば一番迷惑をかけるのは、自分の担当刑務官である。人間関係で縛られているとも言える。

結局、拘禁生活に順応するほうをほとんどの受刑者は選択するのである。

第四章　刑務官とはどのような職務なのか？

刑務官の実態

この章では、受刑者ともっとも関わり合いが深い、刑務官の実態について触れたい。

現在、拘置所や刑務所などの刑事施設に勤務する刑務官の数は、全国に約2万人いる。警察官の人数は約30万人だが、それと比べると刑務官の数は恐ろしく少数である。

また、刑務官の多くは刑務所に隣接する宿舎に住んでいるため外部の人間と触れ合うことが少ない。おそらくほとんどの読者は、警察官に知り合いはいても、刑務官に知り合いはいないだろう。

また、刑務官の子弟が代々、刑務官になっている例も珍しくなく、独立性の強い集団であることも付随すべき点である。

刑務所での刑務官の仕事は、施設の運営や警備に携わり、受刑者が更生して社会復帰できるように指導・教育を行うことがミッションである。

具体的には、まず受刑者への作業の監督と指導がある。

受刑者は日々さまざまな刑務作業に携わっているが、刑務官は工場など作業を行う場所へ受刑者を引率して、トラブルを起こしたり規則違反を犯す者がいないように監視・監督し、適切に作業を行うように指導する。これが刑務官の花形とされる工場担当の仕事である。

さらに、受刑者の収容されている舎房の点検、受刑者の健康チェック、施設の備品や機器の確認、面会や作業場、医務室、風呂、運動場などへの引率、規則違反の有無や保安を確認する巡回なども重要な仕事である。

こうした保安業務、指導・教育、引率や立ち合い、あるいは受刑者へのアドバイス、相談などを通じて、刑務官は社会復帰をサポートする役割を担っている。

しかし、刑務所という特殊な環境であることから、刑務官に求められることは単にミッションをこなすことだけではない。心身ともにプレッシャーも大きく、精神的にも肉体的にもタフさが求められる。

相手は一筋縄ではいかない罪を犯した者たちの集団だけに、受刑者との接し方は特に重要である。

刑務官は受刑者に舐められないために、つねに厳格な態度で振る舞うように心がけている。刑務官が採用後に最初に受ける初等科研修では、「受刑者にはよほどのことがない限り、笑顔を見せてはいけない」と教えられており、基本的に無表情か強面《こわもて》で受刑者に接する。

特殊警棒や手錠を携帯し、警察官と同じ紺色の制服に身を包み、受刑者に威圧的な態度で接する刑務官は、拳銃を所持することも可能である。

刑務官に任官されると、自らの職責を自覚させるために、必ず拳銃の射撃訓練を行っているのだが、実際に拳銃を持ち歩くことはしない。トラブルが起こっても丸腰で任務にあたるのが慣例となっている。

しかし、中には、巡回中にからまれることや、刑務作業中の指導時に無視されるなど、受刑者に舐められてしまう刑務官もいる。特に若い刑務官は、受刑者に舐められないようにするため、罵声や怒号が強くなる傾向がある。もちろん、刑務官による受刑者への暴行は犯罪である。

「刑務所は生ものを扱い、一般官庁は干物を扱う」という言葉がある。

刑務所は生きた人間を扱うが、一般官庁は文書を扱うといった意味である。文書であれば明日に回せる仕事でも、人間が相手だとそうはいかない。「今日は刑務官が少ないので風呂は中止、夕食はなし」などと言ったら、おそらく暴動が起きるだろう。

ちなみに、強制的で不自由な共同生活を送っている受刑者たちにとってトラブルは日常的に起こる。小さないさかいであれば身近な刑務官が制圧するが、それでも手に負えない時は警備隊と呼ばれる制圧専門の担当者の登場となる。一般の刑務官とは別枠で採用された、柔道をはじめとする武道の上級者で、職業格闘家に匹敵するような恐るべき身体能力の持ち主たちがいるのだ。

また、刑務官もたまには繁華街に飲みに行くことがあるが、けっしてひとりで出かけることはない。元受刑者に出くわせばトラルになりかねないからである。

かつて集団で飲みに行った刑務官が、元受刑者と出会ってしまい「よくもあの時は……」と、トラブルになったことがあった。結果としては刑務官の圧勝に終わったが、仕事でもプライベートでも、彼らほど気が休まらない職種はないと言える。

刑務官のルーツ

日本における囚人を収容する刑務所の制度としての歴史は、律令時代（大化の改新後の7世紀後半から10世紀）まで遡る。律令制下の刑部《ぎょうぶ》省の下に「獄所」を管理する囚獄司が設置された。のちに、検非違使が獄所を監督するようになる。ただし、さすがに現代への連続性はない。

時代は下って江戸時代になると、裁判待ちの者や死刑執行待ちの者を収容する施設としての牢屋敷（牢座敷）があった。これは、現代における刑務所というより、どちらかと言えば拘置所に近い。

更生施設としては、『鬼平犯科帳』の主人公として知られる江戸中期の幕臣・長谷川平蔵の建議により、松平定信が命じて設けられた人足寄場《にんそくよせば》がある。正式には加役方人足寄場と言う。

江戸時代、困窮する農村から凶作のたびに大量の浮浪者や無宿人が江戸市中に集まり、犯罪の温床になっていた。人足寄場はその対応策として、彼らを集めて生業を与え、更生させることを目的としていたのである。要するに、人足寄場こそが今日における刑務所の基礎といっていいだろう。

更生のための生業として、精米、畑仕事、髪結、大工などをさせたり、工事現場から屑になった木材を荷車で運ばせたりしたという。人足寄場は佃島が有名だが、大坂や箱館にも作られた。

ちなみに、幕末ともなると追放刑や敲《たた》き、入墨刑を受けた者の多くが佃島に収容されるも、逃亡者や出所後の受け入れ体制の不備もあり、成果としては不十分なものであった。

また、歴史的なことで特筆すべきことと言えば、第二次世界大戦後に旧軍出身者、それも中尉や大尉といった尉官クラスが刑務官として相当数採用された。

本書の冒頭で刑務所内の行動規範が軍隊式だと述べたが、そのルーツはこれに由来している。どういう軍人かといえば、戦争に適応していた、軍隊気風が好きだという人たちであった。

こういう人たちも当然いたわけで、刑務所の発達において相当な戦力になったと言われている。

刑務官になるためには

刑務官は警察官僚や自衛官と同じ国家公務員である。したがって、刑務官になるには国家公務員試験である「刑務官採用試験」を受けなければならない。筆記と実技からなる試験で、高校卒業程度の難易度とされている。18歳から29歳までの男女が対象になる。

採用第一次試験は、選択式の教養試験と作文試験がある。

作文試験では表現力や理解力が試され、採用二次試験では面接による人物判定、身体測定、運動能力や体力測定などがある。公安的な職務になるため、思想や過去の犯罪歴などで問題ないか調査されたあとで合否が決定する。

また、通常の採用試験とは別に不定期で欠員が出た時など、中途採用での選考もある。50歳程度までの男女が対象となっている。

ごく少数だが、国家公務員試験総合職に合格し、法務省職員から刑務官を拝命する場合もある。国家I種採用と法務教官である。幹部候補生となるため、配属先では教官や管理職の待遇となり、刑務所の現場で働くことはほとんどない。階級も副看守長や看守部長など高い階級からはじまり、昇進のための研修も免除されることが多い。

また通常の試験とは別に、採用には「武道拝命」という枠も存在している。これは過去に柔道や剣道に熱心に従事した有段者などが、それを認められて採用されるもので、先述の警備隊がこれにあたる。採用が決定した後は、本人の希望を参考に、刑務所や拘置所など、配属される施設が決定する。

刑務官に任官されると、仕事に就く前に、各施設や全国各地の矯正研修所支所で約8ヵ月の初等科研修がある。

憲法や刑法といった各法規、教育心理学や医学の基礎を学ぶ座学、集団訓練や矯正護身術などの実技、文書・情報処理などの実務研修と多岐にわたる。教官は厳しく、試験もあり、この研修で脱落者が出ることもあるという。

こうして実務に就くことになるが、2年後には中等科研修、さらに高等科研修があり、それらをクリアすることで昇任していく。

日本の刑務官は、内外から「世界一のレベル」と指摘されることが多いが、そのクオリティを保っているのが、これら研修制度とそれに伴う昇任制度といわれている。

知識・技能を付与するための研修の内容が充実していることに加え、昇任研修が昔から行われており、優秀な刑務官を選抜して昇進させる制度が完成している。この制度があるために、能力と意欲がある者は、誰でも昇任研修を受けるための入所試験を受けることができる。

たとえば係長クラスへの昇任のためには、中等科研修入所試験で良い成績を取らねばならないし、課長クラスへの昇任のためには高等科研修入所試験で勝ち上がらなければならない。そこには徹底した実力主義があり、公平で透明性の高い選抜システムとなっている。

この昇任研修システムは、諸外国と比べて優れているというだけでなく、日本国内の他省庁と比べても極めて優れた仕組みという評価を受けている。それに、万年ヒラはめずらしく、警察官より昇進しやすいと言える。

刑務官の生活

刑務官の勤務時間は1週間あたり、38時間45分と決められており、昼間勤務と昼夜間勤務のふたつのシフトがある。

昼間勤務は、午前7時から午後5時まで。途中、30分の休憩を何度かはさみ、合計で2時間の休みを取得するため、実質の勤務時間は8時間が基本だ。

昼夜間勤務も同様だが、勤務時間中は原則として刑務所の外には出られない。昼夜間勤務は、午前7時30分に出勤する場合は翌朝の7時30分までの勤務となり、拘束は24時間。何か問題が起きた時は延長されることもある。

24時間の勤務中、4時間程度の仮眠が取れる。仮眠時間は早寝と遅寝のシフトが組まれ、遅寝の場合は深夜2時頃から仮眠をとる。24時間勤務の翌日は非番となり、その翌日は休日となることが一般的だ。同僚との調整もあるが、基本的にこのローテーションで繰り返していき、1ヵ月に8日の休みを取ることになる。

刑務官には年間20日の有給休暇が認められているが、任官1年目は15日となっている。

主に認められている休暇として、年末年始、夏季、結婚、出産、介護、病気、慶弔などがある。

夏休みは3日間だが、ほかの休暇とまとめて長くとることも可能だ。ただし刑務官というのは一定の人員がどうしても必要とされるため、基本のローテーションが決まると、急な休みは取りにくい一面があるのも事実である。

また、刑務官は基本的に官舎住まいとなっている。

住居費は非常に安く、無料の場合もある。特に新人の間は、仕事を覚えて刑務官の環境と組織文化に慣れるために、官舎勤めがほとんど義務化されている。官舎の多くは勤務施設に隣接する敷地内にあり、通勤ラッシュとは無縁である。仕事が終わっても生活の場は職場のすぐそばであり、ほとんど施設の中に住んでいるのと変わらない状況となる。そのため、刑務官こそが無期刑の囚人であるとも言われる。

ちなみに、官舎は公共住宅や社宅と同じく、部屋の状態はあまり良いものではない。入れ替わりも激しいため、汚損や器具の老朽化が進んでいるところも少なくない。

刑務官は国家公務員であるため、転勤は避けられない。それが、基本的に官舎住まいである理由のひとつでもある。日々、刑務所という特殊な環境の中で過ごし、施設の出入りなども厳しく制限されている。

また、同じ施設に長く勤務すると、同僚や受刑者との間に過度のなれ合いや感情的な対立が起きるなど、好ましくない現象も生まれかねない。それらを原因とするトラブルは、刑務所では少なくない。閉鎖的な環境の中でルーティーンワークが続くと仕事がマンネリ化し意欲も低下しがちである。

こうした理由から、地位や場所を問わず、一定期間を過ぎると転勤が行われる。

なお、刑務官はその職務の特殊性から、ほかの公務員より12%程度割高な給与が支給されている。

刑務官のヒエラルキー

刑務官の中でも、当然、組織化されたヒエラルキーが存在する。

刑務官の階級は矯正監を最高位に7階級が定められている。初等科研修を修了して最初に任命されるのが「看守」。約10年間勤務して上官から推薦された看守が任命されるのが「主任看守」（ただし正式な階級ではないため、7階級には含まれない）。中等科研修を修了した刑務官が任命されるのが「看守部長」で、現場監督的な役割を担う。同じく中等科研修を修了した刑務官で「副看守長」に任命される者もいる。高等科研修を修了した刑務官が任命されるのが「看守長」で、この階級から管理職となる。一般の企業でいう取締役が「矯正副長」であり、その上が「矯正長」、そして所内の全責任を担う立場に立つのが最高位の「矯正監」だ。刑務所所長は、この「矯正監」もしくは「矯正長」から任命される。

施設運営の責任者である刑務所所長は、国家公務員総合職試験合格のキャリア官僚や任官後に高等科試験に合格した職員であり、法務省や矯正管区、拘禁施設などにおいて重要な管理職を歴任した者が任命される。

ちなみに受刑者にも、しっかりとヒエラルキーが存在する。その最底辺にいるのが、高齢者や病弱な人々である。

彼らの大半は工場でのめまぐるしい刑務作業についていくことができず、ほかの受刑者の足を引っ張ってしまう。それゆえに、ほかの受刑者から嫌われてしまうのだ。

逆にヒエラルキーの上部にいるのが暴力団など反社会勢力の関係者である。彼らは塀の外での序列をそのまま刑務所に持ち込むことが多い。

たとえば、暴力団の構成員が複数名収容されている雑居房の中に、新たに組の幹部クラスの者が入ってくると、刑期の長短にかかわらず、その幹部クラスの受刑者が部屋のリーダーになる。

だが、受刑者間で強者と弱者の関係ができ、その人間関係に軋轢《あつれき》が生じるようになると、受刑者間でトラブルや不祥事が生じかねない。それらを防ぐため、規則やマニュアルのもとで処遇の公平化を図り、強者をのさばらせないようにしているのが、日本の刑務所である。欧米と比べて受刑者の自由度が低くなっているのもそのためである。

まれに、世間にも名の知れた暴力団幹部が入所してくることがあるが、その場合はほかの受刑者への影響を考え、刑務所側はその幹部とほかの受刑者を接触させないようにする。つまり、雑居房ではなく、独居房に収容するのである。

監視カメラ付きの舎房で、独居房の向こう3軒両隣は無人にし、配膳も受刑者ではなく刑務官が行う。同じ刑務所に入所しているほかの組員への言付けなどを避けるためである。運動も入浴もひとりで、一切、ほかの受刑者と接触することはない。

しかし、塀の外でどんなに名が通った者でも、刑務所の中では刑務官にはかなわない。すべての受刑者の上に立つのは刑務官だからである。

かつてはそれこそ絶対的に近い支配権が正当化されていた刑務官だが、今では受刑者の基本的人権の保障が強調されているので、絶対的支配は許されなくなっている。

刑務官にしてはいけないこと

受刑者のほとんどは仮出所を目指し、規則に従い、刑務官の命令を聞き、刑務所生活を送っている。しかし、中には刑務官に反抗的な態度を取る受刑者もいる。

「わかっているよ」など、塀の外ではつい口にしてしまいがちな言葉も、刑務所の中では、懲罰の対象となる。刑務官に逆らうことを担当抗弁といい、「物の貸し借り」や「作業中の脇見」などの規律違反よりも重い懲罰が与えられることになる。

たとえば、「物の貸し借り」の規律違反は5日~1週間の懲罰房行きだが、「担当抗弁」の場合は、10日~15日もの間、懲罰房に入っていなければならない。また、刑務官の中には、受刑者にわざと担当抗弁をさせようと、挑発する意地の悪い者もいる。

刑務官への口答えや反抗的な態度を取る「担当抗弁」にとどまらず、受刑者が刑務官に暴力を振るうことがまれにある。刑務官への暴力は「職員暴力」と呼ばれ、刑務所内において最大のタブーとなる。受刑者が刑務官を殴ろうものなら、こん棒を持った屈強な警備隊が何人も飛んできて、その場に組み敷かれてしまう。懲罰も懲罰房ではなく、より厳しい保護房行きとなる。

さらに刑務官にケガをさせた場合、傷害罪などで刑事責任も問われることになる。戦後しばらくは、毎年数名の刑務官が受刑者によって殺害されていた。今となっては、隔世の感がある。

それでも、刑務所をはじめとする刑事施設における、刑務官ら職員への暴行は今でも少なくない。2016年の1年間で、受刑者による刑務官らへの暴行は530件にものぼっており、毎日一回以上のペースで暴行を受けていることになる。

暴行の理由としては「指導の仕方に腹が立った」「処遇に納得がいかなかったから」というささいな理由がほとんどである。暴行が起こるたびに、刑務所では受刑者への接し方について研修が行われているが、1～2人の職員が複数の受刑者を監視・管理することが多く、突発的な暴行への対処は難しいと言わざるを得ない。

刑務所では事細かな規則があるが、受刑者が必ず遵守すべきとされている規則をまとめると次のようなものとなる。

・許可なく、受刑者と話をする「不正交談」
・刑務官の指示を無視する「指示違反」
・受刑者の物品や食事のやり取りをする「不正授受」
・刑務官に暴力を振るう「職員暴力」
・工場で定められた物以外を作る「不正製作」
・刑務官に反抗的な態度をとる「担当抗弁」
・刑務官の許可なく席を離れる「無断離席」

・水道の水を使って衣類を洗う「不正洗濯」
・定められた場所・時間外に運動する「不正運動」
・ほかの受刑者に暴力を振るう「暴力行為」

そのほかにも、「作業拒否・出役拒否」などがあるが、受刑者の中には、さまざまな理由から作業する工場を移りたい（ほかの工場に逃げだしたい）ために、軽度の反則行為を犯して自ら進んで懲罰を受ける者もいる。懲罰を受けると、ほぼ確実に別な工場に移ることができるからである。

刑務官の立場からすると「ほかの工場に飛ばす」という懲罰を科したつもりでも、工場を移りたい執念を持つ受刑者にとっては、ありがたい措置ということになる。

作業報奨金の削減

懲罰房に入れさせられたり、ほかの工場に飛ばされたりするだけではなく、作業報奨金が削減されることもある。せっせと働いたお金を違反したペナルティとして当局によって没収されるのだから、受刑者にとってはたまったものではない。

作業報奨金の削減は、懲役刑とは別に財産刑を科しているという指摘もあるが、刑務所内の統制を考えるのであれば、懲罰としてこれほど効果的なものはない。なぜなら、作業報奨金は退所後に受け取れるものとされているが、自弁購入品といって刑務所内において自費で買えるものがいくつかある。作業報奨金の一部は、自弁購入品に充てられるので、作業報奨金が削減されると刑務所内での生活が苦しくなるのである。

ちなみに、自弁購入品にはボールペン、鉛筆、消しゴム、筆箱、ノートといった文房具。そして、シャツやパンツといった衣料品に加え、私本の購入が認められている。

さらにつけ加えると、拘置所の場合は自弁購入品の幅が広がり、間食品の購入が許されている。桃缶やみかん缶などの缶詰類、大福やチョコレートといったお菓子類に、クリームパンやサンドイッチ、ゆで玉子、ミニカップ麺といったガッツリ系の間食まで買えるのである。

違反行為をしたらどうなるか?

受刑者が違反行為をすると訓戒や減点、叱責だけですむ場合もあるが、懲罰に先立って保護房に移され、取り調べのために隔離されることがある。取り調べの期間は十四日から最長で二十八日間までで、作業報奨金の削減などの重い判決は、その後に開かれる懲罰審査会で決められることになる。

懲罰審査会は5名からなる幹部職員たちで構成され、そこに違反行為をした受刑者が呼ばれて尋問がはじまる。シャバでいうところの裁判のようなものである。

受刑者によっては裁判の時より緊張するらしいが、考えてみれば当たり前の話で、そこには自分を弁護する弁護士もいないし、公平な裁決を下す裁判官もいない。

高いコミュニケーション能力があればやり過ごせるかもしれないが、違反者の主張を押し通すのはかなり難しいことが予想される。

刑務官と死刑制度

死刑および死刑制度は、人権や冤罪の可能性、倫理的問題、またその有効性や妥当性、人間の尊厳などの観点から、世界的に議論がなされているテーマである。

日本は先進国の中で、死刑制度を採用している数少ない国だが、その背景のひとつに国民の支持がある。

内閣府の調査（2014年度）では、「死刑もやむを得ない」と答えた者の割合が80・3％、「死刑は廃止すべきである」は9・7％というが、これは社会調査の専門家からみればインチキである。公正に調査すれば、死刑制度を明確に支持する者は4割程度、反対は1割弱。ほとんどは決めかねて迷っている。

ただ、死刑制度廃止に反対の者は多数というところである。

欧州は人権意識が高く、どこも死刑廃止だが、これは何人殺しても死刑にしないということではなく冤罪の死刑囚が後を絶たないからであり、逮捕時には正当防衛の名目で被疑者を多数射殺している。

なお、殺人事件の被害者遺族は、命の尊さがわかったためか、かえって死刑を望まないこともしばしばあるのだが、誤解されていることも多い。

近年の死刑執行数の推移をあげると、２０１０年２人、２０１１年０人、２０１２年７人、２０１３年８人、２０１４年３人、２０１５年３人、２０１６年３人、２０１７年４人、２０１８年15人（２００８年と並んで過去最大数）。２０１８年が突出しているのは、オウム真理教が関与した重大事件の首謀者として、代表をはじめとした幹部13名に死刑が執行されたためである。

刑事訴訟法では、死刑確定後６ヵ月以内に執行するように定めているが、実際には、確定後６ヵ月で執行されることはまずない。２０００年以降、もっとも短いケースで確定から１年、長いケースで19年５ヵ月であった。

なぜ執行まで時間がかかるのか。理由は50年代に確定した死刑囚が30年後に冤罪とされ、80年代に４件が再審無罪になったのだが、執行してしまうと取り返しがつかず、再審無罪もなかなか勇気が出せず引っぱったせいである。

なお、法務省は執行を決定する基準などは、一切明らかにしていない。

死刑が確定した死刑囚（受刑者ではない）は、刑が執行されるまで、刑場のある拘置所（全国8ヵ所）で身柄を拘束される。

拘置所ではその大半を自由に過ごすことができるが、死刑囚は日々おびえながら暮らすことになる。というのも、死刑執行は、突然、執行の朝に言い渡されるからである。

執行を担当する刑務官にも、執行当日に職務命令が通知される。

そして死刑囚の独居房には死刑囚の抵抗に備え、精神的にも頑強な刑務官で構成された一隊が送り込まれ、死刑囚を刑場に連行する。

刑場に行く前に死刑囚が連れていかれるのが教誨室である。そこには宗教教誨師が待っていて、最後の説法を行うことになっている。

その後、死刑囚が信仰する宗教に応じた祭壇の前で祈りを捧げることができるし、教誨師に遺言を残すこともできる。

教誨室を出た死刑囚は前室に連行され、ここで拘置所長が死刑執行を正式に告知する。前室の祭壇には供え物の菓子が置かれており、最後の飲食を勧められる。その際、希望があれば遺書も書けるが、前もって用意しておく場合が多い。

こうして死刑囚は刑場に連行される。

死刑は絞首刑と定められており、刑務官らは目隠し、腕や足を拘束して執行室に連行。死刑囚は踏板の上に立たされ、首にロープがかけられ、長さが調節される。拘置所長の合図により、ボタン室で待機する3人の刑務官によりボタンが一斉に押されると床板が開き、死刑囚は床へと落下する。

ボタンの一斉操作は誰のボタンで死刑が執行されたのかわからないようにするためである。

死刑執行に関わるのは、刑務官の中で、刑場のある拘置所に勤務するほんの一部の刑務官にすぎない。職務とは言え、担当する刑務官にとっては苛酷な業務であるが、それは国家の意志の体現でもあり、多くの刑務官は粛々と任務をまっとうする。

ちなみに、任務に関わった刑務官にはわずかばかりの「死刑執行手当」が支給される。これは飲んで使ってしまう習わしと聞く。

江戸時代の死刑

死刑を含めた刑罰を考えるうえで、江戸時代までさかのぼってみたい。

当時の刑は、現代とは違って正刑、属刑、閏刑《じゅんけい》の区別があった。正刑は正規の刑で、属刑は正刑に付加される刑のことを指している。

たとえば、斬首は首を切って殺すという正刑に該当する刑だが、これに属刑として晒首が付加されることがあった。晒首は斬首したあとに市中に晒す刑で、恥辱を与えるために行っていた。

閏刑は正刑に代えて科する寛大な刑で、僧侶や婦女、身障者に多く科せられていた。婦女であれば剃髪などがそれに値する。つまり、弱者に対しては罪を軽くしていたのである。

また、死刑にも種類があり、斬首のほかに、磔《はりつけ》や火焙《ひあぶ》りがあった。

磔は、刑場にある磔柱に縛りつけて大衆の面前において槍で突き殺す死刑で、火焙りは名前の通り受刑者に火をつけて焼き殺す刑である。火付けの罪の者の場合、基本的に火焙りにされたうえで三日間さらされた。

死刑に処されるのは重罪人だが、武士階級の場合はほとんど切腹であり、悪くても斬首で、磔や晒首などはなかった。武士としての体面を保つために、自分自身で腹をさばくという潔い責任の取らせ方をしていたのである。

とはいえ、切腹は血や内臓があふれだし、始末にも手間がかかり、検分する役人も快いものではない。そのため、短刀の代わりに扇子を置き、扇子を取ろうと手を伸ばした瞬間に斬首する方法が取られるようになった。

ちなみに、斬首は専門の死刑執行人がおり、山田浅右衛門という一族が代々担当していたが、明治に入ると死刑は絞首刑のみとなったことで、その役を解かれた。

それ以降、死刑は刑務官が務めることになったのである。

死刑執行という重責

日々、受刑者の相手をし、時には死刑の執行も担当する刑務官。ただ、刑務官全体の数と比べれば、死刑の執行は少ないので、実際に死刑に立ち会ったことのある刑務官はごく一部である。刑務官を定年まで勤めたとしても、95％は死刑執行がどのように行われているかを知らないまま退職となる。

また、死刑執行後には死刑を実行した刑務官は休暇をとるとされる。誰のボタンで刑が執行されたかわからなくても、人が死ぬという現実を目の当たりにすれば、刑務官の心理的ダメージは相当なものだろう。刑務官と受刑者という立場の違いはあれども、雨の日も風の日も、刑が執行されるまでの間、つねに接していた相手である。いくら重罪を犯した相手とは言え、多少なりとも情が移るはずである。刑を執行した刑務官は、つらい経験をしてもなお、たった1日2日の休暇で現場に戻っていくのだ。

死刑執行後の遺体は遺族が引き取ることになっている。遺族がいない場合は、引き取り手のない遺体を専門に請け負っている葬儀屋に依頼し、どこかに埋葬されることになる。

また、死刑囚は死刑執行が完了した時点で出所扱いとなる。「死んでお詫びして出所」

という考え方で、統計データ上も出所者として数えられている。

刑務官のルール

給料はほかの国家公務員よりも高く、無料で住める宿舎があるなど、待遇面において恵まれた環境にある刑務官。実はこれ以外にも、刑務官ならではの特典がある。

刑務官がサラ金やクレジットカードで首が回らなくなったとなれば、国家の恥となりかねない。そこで、刑務共済組合という組合が刑務官に対して融通する、一般的な臨時の出費に充てるための「普通貸付」、結婚や葬式、教育などの非用に充てるための「特別貸付」、さらに宅地の購入や家の改築などの費用に充てる「住宅貸付」がある。

また、刑務官に支給される制服は、採用の際に1回、それ以降はある一定期間を経て改めて支給されるという決まりとなっている。なおYシャツや靴は支給されておらず自費での購入となる。Yシャツの色は白、靴の色は黒と定められており、刑務官らしくつねに清潔さを求められている。

ちなみに、制服を着用している時は、無帽での通勤はもってのほかと厳格に定められている。雨天の際は、傘ではなく雨衣を着用するのも刑務官としての決まりごとである。

このようにさまざまなルールがある刑務官だが、髪型についても制服にマッチしたヘアスタイルが求められている。当然ながら脱色や染色はNGだが、長髪にすることもNGである。収容者を制圧する際、長髪だとつかまれやすく危険であるという注意喚起も行っている。

細かいところでは、警察と同様、刑務官にも職員証がついた刑務官手帳というものがある。

実はこの中には現金を入れる人が多いのだが、その理由は脱走者が出た時にタクシーに乗ったり、電話をかけたりする場合に備えるためである。

ちなみに、刑務官手帳に携帯捕縄、呼子笛を合わせて「携帯三品」と呼んでいる。

刑務官とタバコ

日々、受刑者に囲まれてストレスを抱える刑務官の中には、休憩時間にひと息入れるべく、タバコを一服する者もいる。待機室など所定の場所で吸うのが決まりとなっていて、勤務中の喫煙は当然のことながら認めていないが、気をつけなければならないのは、吸い殻の扱いについてである。

シャバで喫煙者だった受刑者は、刑務所内では禁煙を余儀なくされるため、もしも吸い殻を見つけようものなら確実に拾って吸おうとする。そうならないために、吸い殻の扱いだけでなく、タバコが入っている職員のロッカーや引き出しは、施錠を怠ってはならないのである。

受刑者のタバコに対する執着心は相当なもので、外部からの差し入れの中にタバコが入っているケースはざらで、時にはタバコの入ったボールが刑務所内に投げ込まれることもあるという。とにかく、受刑者たちはあらゆる手段でタバコを欲しがるので、刑務官はタバコの扱いには細心の注意を払う必要がある。

実際、若手刑務官を丸め込んで、受刑者がタバコを受け取るという事例がかつてあった。しかも驚くべきことに、この受刑者が丸め込んだ刑務官は1人や2人ではなく、6人もの刑務官がタバコを渡していたのだ。また、女子少年院の話ではあるが、法務教官が収容中の女子にタバコを供与してわいせつ行為を行ったという事例もある。

タバコを欲しがる女子にわいせつ行為をするのは言語道断だが、受刑者がタバコをねだってきても、刑務官は毅然とした態度で接しなければならない。刑務官というのは、自分を律することができない者には務まらない仕事と言える。

刑務所内で起きた事件

刑務所はサンクチュアリ（聖域）であると本書の冒頭でも述べたが、外から見えない隔絶された場所だけに、中で何が起こっているかわからないという恐怖がある。

事実、刑務所の歴史を紐解くと、自殺や殺人、職員の不正行為など、数々の事件や事故が実際に起きている。

実際に刑務所内で起きた事件を簡単だがまとめてみた。

・自殺の事例

自殺願望というのは人間が生きている以上、シャバだろうが刑務所だろうが関係なく湧き上がる。刑務所には5万人を超える受刑者がいるので、中には自殺を試みる者も出るのは仕方ないことと言える。

刑務官が巡回する中、自殺することが可能なのかと疑う読者もいるかもしれないが、人というのはひも状のもので首を絞めれば、数分もすればいとも簡単に死んでしまう生き物である。

実際、刑務所内では、ひもやタオル、テレビ電源の接続用コードを使った自殺が過去に起きている。

また、ヒゲをそるための安全カミソリを使用して自殺したケースもある。これらは受刑者でも入手できるものだけに、歯止めをかけるのは困難と思われる。

・殺人の事例

刑務所内での殺人は日常的に起こっているわけではない。ただ、事例は少ないながらも殺人事例が起こるのも確かである。

人を殺すとなると、それなりの凶器が必要と思われるが、刑務所内で入手するのは困難を極める。刑務所内の殺人事例の資料を読むと、凶器は使わずに素手で殴って死亡させるケースが多い。

凶器を使った事例だと、工場内で同僚をはさみで突き刺した事例や、農耕地の作業中にくわで殴打して死亡させた事例がある。

ちなみに、受刑者が刑務官を殺してしまった事例も過去には多数あるが、近年では起きていない。また、殺人までには至らないにしろ、暴行や傷害といった事例は年に一千件ほど発生している。

・死亡事故の事例

事例は少ないが、工場の作業中において思わぬ事故が起きることがある。

たとえば、受刑者が工場において扇風機の電源を切っただけで、コンセントを抜かず本体を巻きつけようとしたところ、感電死してしまったという事例である。言うなれば作業中に起きてしまった不慮の事故なのだが、こういった事例は刑務所ではなくともシャバの工場でも起こり得ることだろう。

刑務所ならではの死亡事故としては、盗飲というものがある。

刑務所でアルコール類を飲むことはできないし、シャバにおいては法律違反である薬物に類するものも、当然ながら使用することはできない。しかし、工場の作業中にセラミックニスや工業用のメチルアルコールを使用することがあり、それらを受刑者が盗飲して死亡してしまうケースが過去にあった。

また、死亡には至らなかったが、炊事夫2名が主惣菜用消毒液（主成分はエタノール）を飲んで急性アルコール中毒になったケースもある。

・火災の事例

火災はどこでも起こる可能性があるものだが、多分に漏れず刑務所でも発生している。

起こりやすい場所として火を扱う炊場が挙げられるが、職員の炊場から出火し、庁舎が丸ごと焼けてしまったという事例がある。

また、冷蔵庫に保管していた天かすが発火したり、乾燥室に保管していた洗濯物が発火するというケースも過去にあった。

・大学入試問題事件
天つゆを巡って暴動が起きた事件と並んで有名なのが、大学入試問題事件である。かつて大学入試問題の印刷を任されていたのが刑務所であった。

入試問題を事前に知りたい人はいくらでもいるだろうし、それ相応の価値になる。釈放者が在監中の受刑者と共謀して、大学入試問題を盗み出したのである。

刑務所を抜け出す受刑者はいても、侵入してくるパターンというのはなかなかない。ただ、侵入とまではいかないが、何者かによって刑務官宿舎に銃弾が撃ち込まれたり、窓ガラスが割られたりするケースはざらにある。

・面会者の死亡事件

侵入ではないが、面会に訪れたある団体の代表者が死亡し、一緒にやってきた構成員が一時意識不明の重体になるという事件があった。

彼らは街宣車でやって来たのだが、あろうことか職員専用の駐車場に停めてしまったのだ。この2名に対して刑務官が注意すると暴れ出したので、応援のために駆けつけた刑務官たちによって制圧する事態へと発展。14名の刑務官に対して2名をうつぶせで押さえつけた末の出来事であった。

ちなみに、「押さえつけたら死んでいた」という過剰制圧の事例は刑務官に限ったことではない。入国管理局の職員にも似たような事例がいくつもある。彼らの前ではおとなしくしておいたほうが身のためである。

・職員による不正行為

あってはならないことだが、刑務官の中には不正に走ってしまう者もいる。もっとも多い事例としては、受刑者から金銭を受け取るというものがある。

受刑者にタバコや甘味を供与して、その見返りとしてお金をもらうのである。額面としては、数千円から数十万円で、中には受刑者が持っている家の借料を支払わず住んでいた者もいた。

いつでも沈着冷静が基本

これまでに取り上げた刑務所で起きた事件や事故、職員による不正は、過去数十年の中の氷山の一角である。ただ、闇から闇へ葬り去るようなことはなく、問題が起これば必ず調査・分析をし、二度と同じような問題が起こらないように対策を練っている。

また、職員に関する問題は別として、刑事施設がもっとも重要視しているのは、逃走・自殺・火災の3つである。

刑事施設の基本的な任務は、収容者の身柄を確保することであるから、逃走や自殺を許してはならない。また、火災は一度でも発生すると多くの死傷者が出てしまうため、安全管理には十分気をつけるよう徹底的に指導されている。

火災や逃走、暴動などの非常事態は別として、刑務官は走ってはいけないという原則がある。走っている刑務官がいたら、それこそ非常事態の合図ということになる。いつでも沈着冷静に、そして決められたルールの従って行動するのが刑務官としての務めなのである。

ちなみに、刑務官には巡警勤務と呼ばれる移動勤務がある。

事故や違反の予防、発見のためにあらかじめ作成された路線を巡回警らしているのだ。また、巡回路線は勝手に変更することはできず、省略や近道をするのはもってのほかとされている。巡回路線を外れた時もまた、非常事態の合図ということになる。

二重・三重のセキュリティ対策

大きな地震や暴動などの非常事態が発生した際、担当刑務官だけでは手に負えない場合は、刑務所内の警備隊の出番ということは何度かお伝えした。

実は、もうひとつ管区機動警備隊という隊が存在する。刑務所内の力だけでは事態の処理が難しい場合、矯正管区長の命令によって直ちに出動する決まりになっている。

刑務所はこうした二重・三重のセキュリティ対策を講じて、災害や事故を防ぐ努力をしているのだ。

第五章　刑務所が抱えている問題

海外と日本の刑務所の相違点

刑務官と受刑者の間で、何かしらの小競り合いが必ずある刑務所という場所。本章では、刑務所をミクロな視点ではなく、俯瞰したマクロ視点で追っていく。まずは、日本の刑務所と海外の刑務所の違いについて比較してみたい。

アメリカの受刑者は220万人を超えているのに対し、日本の受刑者の数はおよそ5万人程度である。また、ロシアや中国においても100万人単位の受刑者がいる。世界の人口比率から見ても、日本の受刑者数は極端に少ないのである。

では、日本の警察が悪人を捕まえないから受刑者が少ないのかと言えば、まったくそんなことはなく、日本の治安の良さは世界でもトップレベルである。

日本の受刑者は更生せずに再犯を重ねる傾向があり、更生がうまくいっていないという指摘を受けることがあるが、アメリカのように220万人もの受刑者がいれば、更生する割合が必然的に多くなるのは当然だろう。日本の場合は、〝懲りない人々〟を刑務所に収監しているので、更生がうまくいかないのも当たり前の話である。

実際問題として、日本の刑務所は世界的に見て犯罪を反復して行う「累犯者」が多いことで知られている。

1年間における刑務所の入所回数を見ると、初回が50％、二回目が16・4％、三回目が9・8％、四回目が6・2％、五回目以上が17・7％となっている（出典：『矯正統計年報』）。

つまり、二回目より五回目以上の累犯者のほうが多いというのが現実なのだ。

この累犯者たちはどういう人間かというと、「俺は前科4犯。人を殺すなんてどうってことない！」といった荒くれ者をイメージしがちだが、むしろ逆で、コソ泥を繰り返して警察に捕まるような人々である。

また、食べる物にも住む場所にも困り果て、喧嘩しても負けるし、ひったくっても走れないので、最後にシャバの思い出として無銭飲食で捕まるケースもある。荒くれ者とは程遠く、人に危害を加えたりしない人々である。

彼らのような人々が更生するためには、刑務所だけでは限界があり、社会的なバックアップ体制を整える必要があると言える。

刑務所の高齢化問題

さて、何度も刑務所に入っていれば、受刑者たちは当然次第に年老いていく。近年では、そんな累犯者の高齢化が問題となっていて、何らかの対策を講じることが急務とされている。刑務所によっては、平均年齢が70歳近いところもあるのだから、この問題は深刻であると言わざるを得ない。

法務省の統計では、1年間で新たに刑務所に入所した受刑者は、2006年では3万3032人だったのに対し、16年には2万4667人まで減少した。しかしながら、65歳以上の高齢者の割合は、同じ期間で5・7%から12・2%まで増えている。

また、高齢者の懲役受刑者の問題として、寝たきりになってしまうと本来の目的である刑務作業が執行できないということが挙げられる。こうした受刑者が増えれば、刑務官や介護スタッフ、医師がさらに必要となるため、人手不足に悩まされることになる。

さらに、高齢者が満期で出所したとしても、高齢であれば仕事が見つかりにくいし、住む場所にも困る。結局、行き場をなくして再び犯罪に手を染めて刑務所に舞い戻ってしまうというループに陥っている。

また、高齢者になってから初めて罪を犯し、刑務所に入ってしまう人もいる。若い頃は警察の厄介になることもなく真面目に働いていたのに、なぜ年老いてから変わってしまうのか。高齢受刑者の大半は窃盗や万引きで捕まっていることを考えると、財政的な理由というのもあるが、認知症の影響も少なからずあると思われる。

認知症は刑務所内でも問題になっていて、2015年の推計によると、60歳以上の受刑者のうち、認知症傾向にあるのは割合にして14%にも上っている。

とはいえ、現場の意見を聞くと、どうやら認知症のフリをした高齢受刑者も多いという。もちろん、本当に認知症の受刑者もいて、毎日粘土遊びをさせている刑務所もある。

刑務所の医師不足

受刑者の高齢化問題に付随して問題になっているのが、刑務所の医師不足問題である。刑務所の高齢化が加速する中、医療体制の強化が急務であるはずなのに、医師の人員が不足しているのだ。理由はいくつもあるのだが、まずは2004年からはじまった新医師臨床研修制度により、地方での医師不足が加速し、結果的に地方に点在する刑務所も医師不足に悩まされているということである。

どういうことか。研修医は卒業後、大学病院の医局に所属して研修するのが一般的だった。しかし、新医師臨床研修制度によって大学病院以外での研修が可能になった。そのため、これまで地方に派遣していた医師を大学病院に引き戻す動きが活発となり、地方の医師が減ってしまったのである。

また、患者が受刑者という点も医師不足のネックになっている。受刑者の患者は一般社会と比べて、医師に対する風当たりが強く、詐病をする者も多い。医療機器も乏しく、医師のモチベーションがなかなか上がらず、医師から嫌われる現場となっている。

受刑者の高齢化に伴って医療の需要が増す中、事態は収束していない。

刑務作業は人権侵害か？

懲役受刑者たちの作業報奨金は月額４５００円程度だが、これは一般労働者の平均賃金の１・５％ほどである。実は、この金額の少なさが諸外国では国際法違反ではないかという指摘がある。

ドイツやオーストリアの例では、受刑者が労働に従事する場合、一般社会の労働者と同等の雇用条件としているし、具体的な報酬も一般労働者の平均賃金の５％を受け取っている。つまり、日本の受刑者と海外の受刑者を比べると、海外の受刑者のほうが報酬面においては3倍以上もらっている計算になる。

ただ、日本の刑務所では「自給自足の原則」というものがある。懲役受刑者は刑務作業によって得た収益で、衣食住にかかわる経費を賄うという考え方が基本的にあるのだ。

平成29年度の刑務作業で得た収益は39億円であり、これはすべて国庫に帰属する。仮に国庫に帰属せずに、月額４３４０円という作業報奨金を5万人の受刑者全員に分配したとすると、月額で約２億円、年間であれば約24億円にもなる。

つまり、作業報奨金を支払っても刑務所の収支はプラスとなっている計算にはなるものの、食事や寝る場所、着る服など、受刑者にはコストが色々かかっているのだ。日本では食事代まで自給自足させる考え方をとっているし、建物代と刑務官の給与は、税金で賄っている。矯正局の予算から単純計算すれば、受刑者ひとりあたり年間、約300万円かかっている。

報奨金の額を外国と同じようにするにしても、さらに税金が必要となるだけなので、作業報酬の賃上げをするならば、その前に国民の同意を得ることが必要である。

人権思想は足りないのか?

日本の受刑者に対する処遇について、人権を持ち出して異を唱える知識人は少なくない。そもそも受刑者に対して自由をはく奪するという近代的な考え方は、ヨーロッパの人権思想によるものである。江戸時代、つまり近世までの日本では身体刑が当たり前に行われていた。

明治維新の頃から日本は欧米に追いつこうと見習ってきたが、今や日本の犯罪件数はヨーロッパと比べて桁違いに少なく、その点においてはすでにヨーロッパを追い越していると言っていい。何でもかんでもヨーロッパの思想を見習えばいいわけではないし、だからと言って人権思想は意味がない、などと飛躍してもいけない。

日本がなぜ犯罪に強い国であるのか。思想や観念、感情とは分離して、分析・検証を行って今後の犯罪統制をさらにブラッシュアップすることが重要である。

死刑存廃問題と市民感情

人権という言葉が持ち出された時に、必ず議題になるのが死刑存廃問題である。国際的には死刑を廃止する国が加速する中、日本では存続し続けている。むしろ、内閣府が実施している死刑制度に関する世論調査では、死刑は存続させるべきという意見が高まり続けているのだ。２００９年の調査では、死刑存続を85・６％の人が希望し、死刑廃止を訴える人は５・７％であった。

死刑制度を存続するべきであるとする理由には、次のようなものがある。

・「死刑を廃止すれば、被害を受けた人やその家族の気持ちがおさまらない」
・「凶悪な犯罪は命を以《も》って償うべきだ」
・「死刑を廃止すれば、凶悪な犯罪が増える」
・「凶悪な犯罪を犯す人は生かしておくと、また同じような犯罪を犯す危険がある」

また、死刑制度を廃止するべきであるとする理由では、次のようなものがある。

・「生かしておいて罪の償いをさせたほうがいい」
・「裁判に誤りがあったとき、死刑にしてしまうと取り返しがつかない」
・「国家であっても人を殺すことは許されない」
・「人を殺すことは刑罰であっても人道に反し、野蛮である」

死刑は存続させるべきというのが多数の国民感情だが、死刑が廃止になったからといって、凶悪な犯罪が増えるというのはプロの目線では考えられない。むしろ、多数の殺人を犯した人にとっては、「どうせ死刑になるのだから、もっと多くの人を殺してやる」などと、さらなる殺人に及んでしまう可能性がある。

また、死刑該当者の中には「死刑になりたくてたくさん殺した」などと、死刑制度があることでかえって被害者を増やしてしまっている部分も見受けられるからだ。

無期刑の受刑者に対する誤解

日本の刑罰制度では最高刑にあたる死刑の次点に無期刑がある。

無期刑は10年ちょっとで仮釈放になると勘違いしている人もいると思うが、それは間違いである。

たしかに1960年代では12年ほどの受刑期間を経て仮釈放になったケースもある。

しかし、時代が下るにつれて仮釈放までの期間が15年、20年と延び、近年では無期刑の判決が下されれば、30年は仮釈放が認められなくなっている。

仮釈放の決定権は、保護観察官のメンバーで構成された地方更生保護委員会が持っている。仮釈放を検討するにあたっての基準は、受刑期間だけではなく、受刑態度も考慮される。

また、出所後にしっかりと社会生活を送れるかということも判断材料となる。

それらをしっかりと判断したうえで仮釈放となるのだが、残念ながら再び凶悪な犯罪に手を染めてしまった例がわずかに存在する。つまり、「凶悪犯は出所したら再び恐ろしい事件を起こすのでは？」という市民感情は間違っていないと言えばそういうことになる。

とはいえ、その確率は1％強であり、99％近くの元無期刑囚は犯罪に手を染めていない。

1％強の犯罪者のために99％近くの無期刑囚を仮釈放しないというのは、それはそれで恐ろしい考えだと言わざるを得ない。

凶悪犯の実像

無期刑の判決には人の死がほぼ絡んでいると言っていい。

無期刑囚は死刑になる一歩手前だけに相当な悪人と思われるが、大きな事件を起こす者は、大きな「原因」も必ず持っている。無期刑囚は、その「原因」が社会的には認められないか、証明できなかったかである。

経験則では、大きな事件を起こすエネルギーがある者ほど、更生に向かえば、更生する力も強いと考えている。いつまでも更生しないのはコソ泥のほうである。無期刑者で、見事に改心した事例は、実はたくさんあるのだ。

このようなことからも、勇気を出して無期刑囚の仮釈放を認めるべきだと思う。このままでは無期刑囚の9割方が獄死してしまう。

もっとも、国民には十分説明されていないが、近年、有期刑の最長が20年だったのが30年に延ばされた。刑期が長くなったことから厳罰化のような印象を与えるが、実は、無期刑にされていた者を25年の懲役などにして無期刑判決を減らすことが目的である。

おりから凶悪事件自体も減っており、２０１８年の無期刑判決は15件しかない。法改正以前は１００件を超えていたのだ。

それでも、本当に凶悪な事件というのは起こっているのだけれども、聞くのがイヤになる事件なのでなかなか報道されない。ワイドショーで騒いでいるのは、それと比較すればたいしたことのない事件である。

しかし、その数、年間3件ぐらいというのが私の見立てである。

いずれにせよ、あまりにも少数であり、その被害に遭う可能性は極めて低く、怖がり過ぎるのは杞憂《きゆう》というものである。

刑務所の現状

十数年前、刑務所では過剰収容が問題であったが、現在では緩和され、むしろ刑務所を統合する動きがある。

また、女性刑務所は逆に高収容率が問題となっていて、受刑者は増加の一途を辿っている。女性受刑者の大半の服役理由は薬物と窃盗なのだが、どちらも更生が難しく累犯者が多いのが実情のようである。

入所者が減る分には良いことだが、入所者が増えるのは大きな問題である。

刑事政策だけでなく、社会的な新たな取り組みが急務であると言える。

終章　出所後の生活

出所後の元受刑者たち

刑務所に入所し、その中でさまざまな経験をして、晴れて仮出所が認められた「あなた」は、その後どうなるかについて触れてみたい。

所定の手続きを経て仮釈放になった元受刑者は、保護司や保護観察官と呼ばれる更生の支援活動の担い手の元へ向かう。保護司は身分的には国家公務員だが、無給なのでボランティアのようなものである。他方、保護観察官は国家公務員である。

仕事のない元受刑者には保護司や保護観察官が職を斡旋《あっせん》し、元受刑者は二週間に一度くらいのペースで保護司に近況を報告しなければならないという決まりがある。

この報告を怠ったり、何か重大なトラブルでも起こしたりすれば、仮釈放は取り消しとなり、再び収監されて刑が復活することになる。ただ、一度仮出所が認められた受刑者の場合、刑が復活しても早い時期に再び仮出所が認められるケースが多いようである。

出所した元受刑者の更生に関しては、もちろん、二度と悪いことをしない者もいれば、再び刑務所のお世話になる者もいる。統計によると、出所から5年以内に刑務所に戻る確率は、覚せい剤で49・4%、窃盗で45・7%、傷害・暴行では36・1%となっている。

仮出所者の手元にあるのは刑務作業で得たわずかな作業報奨金のみで、住居もなければ携帯電話もない状態でのスタートとなる。

同居可能な家族がいれば住む場所には困らないが、刑務所に入所したことで絶縁になったり、入所期間中に家族が死んでしまったりした場合には、行き場がない人を一時的に受け入れる更生保護施設などに入所することになる。住居が確保されたのちに行うのが就職活動だが、協力雇用主が全国1万以上いるにもかかわらず、なかなか就職口は決まらない。マッチングがむずかしいのである。適当な就職口が決まらない場合は、再び犯罪に手を染めてしまう可能性が高くなるので問題である。

また、仮出所者は保護司や保護観察官に、かつての共犯者や悪い仲間たちに接触しないよう約束することがあるのだが、この約束を破ると再び刑務所に戻ることになる。保護司や保護観察官の言うことを聞き、粘り強く就職口を探すのが更生への近道である。

刑務所よりは遥かに厳しくないが、転居や旅行をするときは保護観察所長の許可を得るなど、ルールを守らないと刑が復活する。

犯罪者に対する厳しい目

読者の中には、保護司や保護観察官、協力雇用主という存在を知らなかった人もいるだろう。犯罪者の多くは、実は、そういう人たちの支援によって再起の機会を与えられているのだ。

日本の風土として、犯罪者に対する世間の風当たりは強い。特に凶悪事件でも起こそうものなら、家族ごと追放するというのがこの国の昔からの決まりである。

江戸時代、武士が重い罪を犯した場合、「召放し」といって、禄（給与）を取り上げられたうえに追放処分となったのだが、日本人の感覚はその頃とさほど変わっていない。しかも、追放処分だけならまだしも、刑務所で刑に服していたにもかかわらず、世間はいつまで経っても許すことがないのが実情である。

いつまでも犯罪者を懲らしめ続けるのは、人権の考え方とすればあってはならないことだが、日本で罪を犯すリスクのひとつは、このようなことが往々にしてあることである。

立ち直れない人々

罪を犯して出所しても、その犯罪者が若くて健康で体力があれば就職口がある。しかし、高齢者や障害者の受刑者は就職口がなかなか見つからないということが、犯罪を重ねることにつながっている。

彼らは刑事政策と地域社会の狭間の問題に陥っていると言える。民間企業の受け入れが絶望的な老人受刑者は、もはや面倒を見る場所が刑務所しかないのである。

食事や歩行といった日常の動作にも介助が必要な場合、そのような状況で刑務作業はできないので当然ながら免除である。体を動かさなければどんどん弱っていくので、定期的にリハビリも行っている。医療費もかかるし、福祉的な処遇は刑務官が行っており、もはや刑務所は公営の無料老人ホームと化しているのだ。

実際、そんな老人受刑者への配慮で一部の刑務所では、すでに施設内のバリアフリー化が進められている。50センチの段差を越えられない人を、高い塀の中に閉じ込めているとは、冗談がきついと言いたい状況である。

薬物事犯の社会復帰

老人や障害を持つ受刑者の更生と並んで困難を極めているのが、薬物で刑務所に入った人たちである。彼らは犯罪者であるものの、薬物依存症という、ある意味では病気にかかっている人であり、刑務作業を科しても意味がないと指摘する人もいる。

しかし、薬物に手を出す人は不摂生な生活を送ってきた者も多いため、「朝起きて、昼間は働き、夜は寝る」という規則正しい生活リズムをさせることは、薬物依存症の改善に一定の効果があるという向きもある。

また、高齢受刑者が就職するのは難しいが、薬物依存症者においては年齢が若い人が多く、薬物を断ち切ることができれば、就職口も見つかり、再起できる可能性は高いと言える。

犯罪者につける薬

「もしも刑務所に入ったら――」。起こした犯罪の種類にもよるが、まずは家族や友人に迷惑をかけ、その関係性を失うこともある。やりたくもない作業をやらされ、それと同時に多くの時間も同時に失う。得られるものと言えば、わずかな作業報奨金くらいである。

また、歳をとってから刑務所に入れば、社会との隔たりは大きくなるばかりで、再起のチャンスも与えられなくなる可能性が高い。

再起のチャンスを与えられた者でも、就職口はけっして楽なものばかりではない。どちらかと言うと危険を伴う職種が多く、辛抱強さがないと再びドロップアウトしてしまう可能性がある。

刑務所の役割は、あくまで罪を償う場所であって、犯罪者の復帰支援のために存在しているわけではない。再犯防止の命題は、むしろ受刑者たちを受け入れる地域社会に委ねられている。

もちろん、いずれは社会に出すことがわかっているのだから、刑務所においても受刑者を支援するアプローチはつねに講じておく必要がある。

ただ、犯罪者になる薬はあってもつける薬はない。どんなに周囲が支援しても、犯罪を克服するのは本人次第だからである。

おわりに

あなたがこの文章を読んでいる間にも、刑務所で受刑生活を送っている人たちがいる。これまで解説してきたとおり、何をするにも自由が利かず、つねに刑務官に監視されていることを想像すればするほど、絶対に行きたくないと思うはずである。

さて、本書では刑務所に入所するまでのプロセス、暮らしや楽しみ、刑務官という仕事、刑務所の問題点、出所後の流れについて書いてみた。おそらく、ほとんどの読者が今後も刑務所とは無縁の生活だと思うが、内部の様子がご理解頂けたかと思う。

また、内部の様子だけでなく、実は犯罪者は我々の社会と密接に関係していて、社会での居場所がないために刑務所に何度も出入りしている人がいるということも知ってもらえたと思う。

刑務所というと、恐ろしい悪人たちがゴロゴロいるようなイメージだが、実はそんな人たちばかりではない。ある意味、社会の隙間に入り込んでしまって出たり入ったりを繰り返している人も実に多いのである。

ちなみに、出入りを繰り返している累犯者が最終的に何回くらい刑務所に入っているかというと、最大大体27、28回くらいほどである。ひとりだけ例外で40回という人がいるが、一回の刑期が一年であっても、40年かかる計算になるので、この記録を破るのは相当難しい。このような話を書くと、ますます今まで抱いていた刑務所像が変わるのではないかと思う。

受刑者と日々接している刑務官についても最後に触れておこう。

もし、刑務所から大量に脱走者が出れば、おそらくその地域は恐怖と不安に陥ることになるはずだ。我々、国民が安心して暮らせているのは、身の危険を感じながらも治安維持に努めている刑務官のおかげである。

私見ではあるが、刑務官には対処能力の高い素晴らしい人材が多いという印象を持っている。複雑多岐にわたる業務の中で、広く深い知識と経験をものにして仕事をしている好人物が多く存在するのだ。

受刑者であっても人間なので、威張り散らすだけでは絶対に人間関係はうまくいくことはない。優れた人格を持った刑務官が現場で活躍してくれていることを知っていてもらいたい。

最後に、本書は刑務所について理解を深めてもらうべく「もしも刑務所に入ったら」というタイトルをつけるに至った。それゆえに加害者目線になっているが、罪を犯せば必ず被害者がいることを忘れてはならない。

刑務所の中の様子は知っていても、中には入ってもらいたくない。むしろ、入らないで頂きたい。本書がその一助となれば幸いである。

河合幹雄

河合幹雄（かわい みきお）

法社会学者。
1960年、奈良県生まれ。
京都大学大学院にて法社会学専攻後、
フランスの名門法学研究科であるパリ第2大学へ留学。
その後、京都大学法学部助手を経て、
現在、桐蔭横浜大学法学部教授・副学長。
公益財団法人矯正協会評議員、全国篤志面接委員連盟評議員も務める。
ほか、日本犯罪社会学会理事、日本法社会学会理事、日本被害者学会
理事を務め、警察大学校教員、嘱託法務省刑事施設視察委員会委員長
などを歴任した。
著書に『日本の殺人』（ちくま新書）、『終身刑の死角』（洋泉社新書ｙ）
など。
テレビや新聞など、メディアにも多数出演している。

もしも刑務所に入ったら

「日本一刑務所に入った男」による禁断解説

著者　河合幹雄

2019年12月25日　初版発行

発行者　横内正昭
編集人　内田克弥
発行所　株式会社ワニブックス
〒150-8482
東京都渋谷区恵比寿4-4-9えびす大黒ビル
電話　03-5449-2711（代表）
03-5449-2734（編集部）

装丁　小口翔平＋三沢稜（tobufune）
ブックデザイン　橘田浩志（アティック）
構成　小泉隆生
校正　玄冬書林
編集協力　内田克弥（ワニブックス）
企画・編集　細谷健次朗（ジー・ビー）

印刷所　凸版印刷株式会社
DTP　株式会社 三協美術
製本所　ナショナル製本

定価はカバーに表示してあります。
落丁本・乱丁本は小社管理部宛にお送りください。送料は小社負担にてお取替えいたします。ただし、古書店等で購入したものに関してはお取替えできません。

ISBN 978-4-8470-6635-1
ワニブックスHP http://www.wani.co.jp/
WANI BOOKOUT http://www.wanibookout.com/